ŒUVRES COMPLÈTES

DE M. DE

LAMARTINE

IMPRIMERIE DE H. FOURNIER ET Cᵉ, 7 RUE SAINT-BENOIT.

ŒUVRES COMPLÈTES

DE M. DE

LAMARTINE

-⋈-

TOME DEUXIEME

HARMONIES POÉTIQUES ET RELIGIEUSES

PARIS

CHARLES GOSSELIN, FURNE ET CIE

ÉDITEURS

—

M. DCCC XLII

HARMONIES
POÉTIQUES ET RELIGIEUSES.

AVERTISSEMENT.

Voici quatre livres de poésies écrites comme elles ont été senties, sans liaison, sans suite, sans transition apparente : la nature en a, mais n'en montre pas; poésies réelles et non feintes, qui sentent moins le poëte que l'homme même, révélation intime et involontaire de ses impressions de chaque jour, pages de sa vie intérieure inspirées tantôt par la tristesse, tantôt par la joie, par la solitude ou par le monde, par le désespoir ou l'espérance, dans ses heures de sécheresse ou d'enthousiasme, de prière ou d'aridité.

Ces Harmonies, prises séparément, semblent n'avoir aucun rapport l'une avec l'autre ; considérées en masse, on pourrait y retrouver un principe d'unité dans leur diversité même, car elles étaient destinées, dans la pensée de l'auteur, à reproduire un grand nombre des impressions de la nature et de la vie sur l'âme humaine; impressions variées dans leur essence, uniformes dans leur objet, puisqu'elles auraient été toutes se perdre et se reposer dans la contemplation de Dieu : sujet infini comme la nature, grand et saint comme la Divinité, les forces humaines n'y atteignent pas. Je n'en publie aujourd'hui que quatre livres : cela me semble bien peu, peut-être trouvera-t-on que c'est trop encore. S'il en est autrement, j'en publierai, par la suite, plusieurs autres livres, à mesure que les années, les lieux, les sentimens, les vicissitudes de la vie et de la pensée me les inspireront à moi-même. Je demande grâce pour les imperfections de style dont les esprits délicats seront souvent blessés. Ce que l'on sent fortement s'écrit vite. Il n'appartient qu'au génie d'unir deux qualités qui s'excluent : la correction et l'inspiration.

Ces vers ne s'adressent qu'à un petit nombre.

Il y a des âmes méditatives que la solitude et la contemplation élèvent invinciblement vers les idées infinies, c'est-à-dire vers la religion ; toutes leurs pensées se convertissent en enthousiasme et en prière, toute leur existence est un hymne muet à la Divinité et à l'espérance. Elles cherchent en elles-mêmes, et dans la création qui les environne, des degrés pour monter à Dieu, des expressions et des images pour se révéler à elles-mêmes, pour se révéler à lui : puissé-je leur en prêter quelques-unes !

Il y a des cœurs brisés par la douleur, refoulés par le monde, qui se réfugient dans le monde de leurs pensées, dans la solitude de leur âme, pour pleurer, pour attendre ou pour adorer ; puissent-ils se laisser visiter par une muse solitaire comme eux, trouver une sympathie dans ses accords, et dire quelquefois en l'écoutant : Nous prions avec tes paroles, nous pleurons avec tes larmes, nous invoquons avec tes chants !

C'est à eux seuls que ces vers s'adressent. Le monde n'en a pas besoin : il a ses soins et ses pensées. Mais si quelques-uns de ces esprits qui ne sont plus au monde répondent en secret à mes trop faibles accens; si quelques-uns de ces cœurs arides s'ouvrent et retrouvent une larme; si quelques âmes sensibles et pieuses me comprennent, me devinent, et achèvent en elles-mêmes les hymnes que je n'ai fait qu'ébaucher, c'est assez; c'est tout ce que j'aurais voulu obtenir ; c'est plus que je n'ose espérer !

Paris, mai 1830.

HARMONIES
POÉTIQUES ET RELIGIEUSES.

LIVRE PREMIER

I.
INVOCATION.

Toi qui donnas sa voix à l'oiseau de l'aurore,
Pour chanter dans le ciel l'hymne naissant du jour;
Toi qui donnas son âme et son gosier sonore
A l'oiseau que le soir entend gémir d'amour;

Toi qui dis aux forêts : Répondez au zéphyre !
Aux ruisseaux : Murmurez d'harmonieux accords !
Aux torrens : Mugissez ! A la brise : Soupire !
A l'Océan : Gémis en mourant sur tes bords !

Et moi, Seigneur, aussi, pour chanter tes merveilles,
Tu m'as donné dans l'âme une seconde voix
Plus pure que la voix qui parle à nos oreilles,
Plus forte que les vents, les ondes et les bois !

Les cieux l'appellent Grâce, et les hommes Génie ;
C'est un souffle affaibli des bardes d'Israël,
Un écho dans mon sein qui change en harmonie
Le retentissement de ce monde mortel !

Mais c'est surtout ton nom, ô roi de la nature,
Qui fait vibrer en moi cet instrument divin ;
Quand j'invoque ce nom, mon cœur plein de murmure
Résonne comme un temple où l'on chante sans fin !

Comme un temple rempli de voix et de prières,
Où d'échos en échos le son roule aux autels ;
Eh quoi ! Seigneur, ce bronze, et ce marbre, et ces pierres
Retentiraient-ils mieux que le cœur des mortels ?

Non, mon Dieu, non, mon Dieu, grâce à mon saint partage,
Je n'ai point entendu monter jamais vers toi
D'accords plus pénétrans, de plus divin langage,
Que ces concerts muets qui s'élèvent en moi !

Mais la parole manque à ce brûlant délire,
Pour contenir ce feu tous les mots sont glacés ;
Eh ! qu'importe, Seigneur, la parole à ma lyre ?
Je l'entends, il suffit ; tu réponds, c'est assez !

  Don sacré du Dieu qui m'enflamme,
  Harpe qui fais trembler mes doigts,
  Sois toujours le cri de mon âme,
  A Dieu seul rapporte ma voix ;
  Je frémis d'amour et de crainte

Quand, pour toucher ta corde sainte,
Son esprit daigna me choisir !
Moi, devant lui moins que poussière,
Moi, dont jusqu'alors l'âme entière
N'était que silence et désir !

Hélas ! et j'en rougis encore,
Ingrat au plus beau de ses dons,
Harpe que l'ange même adore,
Je profanai tes premiers sons ;
Je fis ce que ferait l'impie,
Si ses mains, sur l'autel de vie,
Abusaient des vases divins,
Et s'il couronnait le calice,
Le calice du sacrifice,
Avec les roses des festins !

Mais, j'en jure par cette honte
Dont rougit mon front confondu,
Et par cet hymne qui remonte
Au ciel dont il est descendu,
J'en jure par ce nom sublime
Qui ferme et qui rouvre l'abîme,
Par l'œil qui lit au fond des cœurs,
Par ce feu sacré qui m'embrase,
Et par ces transports de l'extase
Qui trempent tes cordes de pleurs !

De tes accens mortels j'ai perdu la mémoire,
Nous ne chanterons plus qu'une éternelle gloire

Au seul digne, au seul saint, au seul grand, au seul bon ;
Mes jours ne seront plus qu'un éternel délire,
Mon âme qu'un cantique, et mon cœur qu'une lyre,
Et chaque souffle enfin que j'exhale ou j'aspire,
    Un accord à ton nom !

    Élevez-vous, voix de mon âme,
    Avec l'aurore, avec la nuit !
    Élancez-vous comme la flamme,
    Répandez-vous comme le bruit !
    Flottez sur l'aile des nuages,
    Mêlez-vous aux vents, aux orages,
    Au tonnerre, au fracas des flots ;
    L'homme en vain ferme sa paupière ;
    L'hymne éternel de la prière
    Trouvera partout des échos !

    Ne craignez pas que le murmure
    De tous ces astres à la fois,
    Ces mille voix de la nature
    Étouffent votre faible voix !
    Tandis que les sphères mugissent,
    Et que les sept cieux retentissent
    Des bruits roulans en son honneur,
    L'humble écho que l'âme réveille
    Porte en mourant à son oreille
    La moindre voix qui dit : Seigneur !

    Élevez-vous dans le silence
    A l'heure où dans l'ombre du soir

La lampe des nuits se balance,
Quand le prêtre éteint l'encensoir ;
Élevez-vous aux bords des ondes
Dans ces solitudes profondes
Où Dieu se révèle à la foi !
Chantez dans mes heures funèbres :
Amour, il n'est point de ténèbres,
Point de solitude avec toi !

Je ne suis plus qu'une pensée,
L'univers est mort dans mon cœur,
Et sous cette cendre glacée
Je n'ai trouvé que le Seigneur.
Qu'il éclaire ou trouble ma voie,
Mon cœur, dans les pleurs ou la joie,
Porte celui dont il est plein ;
Ainsi le flot roule une image ;
Et des nuits le dernier nuage
Porte l'aurore dans son sein.

Qu'il est doux de voir sa pensée,
Avant de chercher ses accens,
En mètres divins cadencée,
Monter soudain comme l'encens :
De voir ses timides louanges,
Comme sur la harpe des anges,
Éclore en sons dignes des cieux,
Et jusqu'aux portes éternelles
S'élever sur leurs propres ailes

Avec un vol harmonieux!

Un jour cependant, ô ma lyre,
Un jour assoupira ta voix!
Tu regretteras ce délire
Dont tu t'enivrais sous mes doigts :
Les ans terniront cette glace
Où la nature te retrace
Les merveilles du Saint des saints!
Le temps, qui flétrit ce qu'il touche,
Ravira les sons sur ma bouche,
Et les images sous mes mains.

Tu ne répandras plus mon âme
En flots d'harmonie et d'amour,
Mais le sentiment qui m'enflamme
Survivra jusqu'au dernier jour;
Semblable à ces sommets arides
Dont l'âge a dépouillé les rides
De leur ombre et de leurs échos,
Mais qui dans leurs flancs sans verdure
Gardent une onde qui murmure,
Et dont le ciel nourrit les flots.

Ah! quand ma fragile mémoire,
Comme une urne dont l'onde a fui,
Aura perdu ces chants de gloire
Que ton Dieu t'inspire aujourd'hui,
De ta défaillante harmonie

Ne rougis pas, ô mon génie !
Quand ta corde n'aurait qu'un son,
Harpe fidèle, chante encore
Le Dieu que ma jeunesse adore,
Car c'est un hymne que son nom !

II.

L'HYMNE DE LA NUIT.

Le jour s'éteint sur tes collines,
O terre où languissent mes pas!
Quand pourrez-vous, mes yeux, quand pourrez-vous, hélas!
Saluer les splendeurs divines
Du jour qui ne s'éteindra pas?

Sont-ils ouverts pour les ténèbres
Ces regards altérés du jour?
De son éclat, ô Nuit! à tes ombres funèbres
Pourquoi passent-ils tour à tour?

Mon âme n'est point lasse encore
D'admirer l'œuvre du Seigneur;
Les élans enflammés de ce sein qui l'adore
N'avaient pas épuisé mon cœur!

Dieu du jour! Dieu des nuits! Dieu de toutes les heures!
Laisse-moi m'envoler sur les feux du soleil!
Où va vers l'occident ce nuage vermeil?
Il va voiler le seuil de tes saintes demeures
Où l'œil ne connaît plus la nuit ni le sommeil!
Cependant ils sont beaux à l'œil de l'espérance

Ces champs du firmament ombragés par la nuit;
Mon Dieu! dans ses déserts mon œil retrouve et suit
　　Les miracles de ta présence!

Ces chœurs étincelans que ton doigt seul conduit,
Ces océans d'azur où leur foule s'élance,
Ces fanaux allumés de distance en distance,
Cet astre qui paraît, cet astre qui s'enfuit,
Je les comprends, Seigneur! tout chante, tout m'instruit
Que l'abîme est comblé par ta magnificence,
Que les cieux sont vivans, et que ta providence
Remplit de sa vertu tout ce qu'elle a produit!
　　Ces flots d'or, d'azur, de lumière,
Ces mondes nébuleux que l'œil ne compte pas,
　　　O mon Dieu, c'est la poussière
　　　Qui s'élève sous tes pas!

　　O Nuits, déroulez en silence
　　Les pages du livre des cieux;
　　Astres, gravitez en cadence
　　Dans vos sentiers harmonieux;
　　Durant ces heures solennelles,
　　Aquilons, repliez vos ailes;
　　Terre, assoupissez vos échos;
　　Étends tes vagues sur les plages,
　　O mer! et berce les images
　　Du Dieu qui t'a donné tes flots.

　　Savez-vous son nom? La nature
　　Réunit en vain ses cent voix,

L'étoile à l'étoile murmure :
Quel Dieu nous imposa nos lois ?
La vague à la vague demande :
Quel est celui qui nous gourmande ?
La foudre dit à l'aquilon :
Sais-tu comment ton Dieu se nomme ?
Mais les astres, la terre et l'homme
Ne peuvent achever son nom.

Que tes temples, Seigneur, sont étroits pour mon âme !
    Tombez, murs impuissans, tombez !
Laissez-moi voir ce ciel que vous me dérobez !
Architecte divin, tes dômes sont de flamme !
Que tes temples, Seigneur, sont étroits pour mon âme !
    Tombez, murs impuissans, tombez !

Voilà le temple où tu résides !
Sous la voûte du firmament
Tu ranimes ces feux rapides
Par leur éternel mouvement !
Tous ces enfans de ta parole,
Balancés sur leur double pôle,
Nagent au sein de tes clartés,
Et des cieux où leurs feux pâlissent
Sur notre globe ils réfléchissent
Des feux à toi-même empruntés !

    L'Océan se joue
    Aux pieds de son Roi ;
    L'aquilon secoue

Ses ailes d'effroi ;
La foudre te loue
Et combat pour toi ;
L'éclair, la tempête,
Couronnent ta tête
D'un triple rayon :
L'aurore t'admire,
Le jour te respire,
La nuit te soupire,
Et la terre expire
D'amour à ton nom !

Et moi, pour te louer, Dieu des soleils, qui suis-je ?
Atome dans l'immensité,
Minute dans l'éternité,
Ombre qui passe et qui n'a plus été,
Peux-tu m'entendre sans prodige ?
Ah ! le prodige est ta bonté !

Je ne suis rien, Seigneur, mais ta soif me dévore ;
L'homme est néant, mon Dieu, mais ce néant t'adore,
Il s'élève par son amour ;
Tu ne peux mépriser l'insecte qui t'honore ;
Tu ne peux repousser cette voix qui t'implore,
Et qui vers ton divin séjour,
Quand l'ombre s'évapore,
S'élève avec l'aurore,
Le soir gémit encore,
Renaît avec le jour.

Oui, dans ces champs d'azur que ta splendeur inonde,
　　　Où ton tonnerre gronde,
　　　Où tu veilles sur moi,
Ces accens, ces soupirs animés par la foi,
Vont chercher, d'astre en astre, un Dieu qui me réponde,
Et d'échos en échos, comme des voix sur l'onde,
　　　Roulant de monde en monde,
　　　Retentir jusqu'à toi.

III.

HYMNE DU MATIN.

Pourquoi bondissez-vous sur la plage écumante,
Vagues dont aucun vent n'a creusé les sillons?
Pourquoi secouez-vous votre écume fumante
      En légers tourbillons?
Pourquoi balancez-vous vos fronts que l'aube essuie,
Forêts, qui tressaillez avant l'heure du bruit?
Pourquoi de vos rameaux répandez-vous en pluie
Ces pleurs silencieux dont vous baigna la nuit?

Pourquoi relevez-vous, ô fleurs, vos pleins calices,
Comme un front incliné que relève l'amour?
Pourquoi dans l'ombre humide exhaler ces prémices
      Des parfums qu'aspire le jour?

      Ah! renfermez-les encore,
      Gardez-les, fleurs que j'adore,
      Pour l'haleine de l'aurore,
      Pour l'ornement du saint lieu!
      Le ciel de pleurs vous inonde,
      L'œil du matin vous féconde,
      Vous êtes l'encens du monde
      Qu'il fait remonter à Dieu.

Vous qui des ouragans laissiez flotter l'empire,
Et dont l'ombre des nuits endormait le courroux
Sur l'onde qui gémit, sous l'herbe qui soupire,
    Aquilons, autans, zéphyre,
    Pourquoi vous éveillez-vous?

Et vous qui reposez sous la feuillée obscure,
Qui vous a réveillés dans vos nids de verdure?
    Oiseaux des ondes ou des bois,
    Hôtes des sillons ou des toits,
    Pourquoi confondez-vous vos voix
    Dans ce vague et confus murmure
    Qui meurt et renaît à la fois
    Comme un soupir de la nature?

Voix qui nagez dans le bleu firmament,
Voix qui roulez sur le flot écumant,
Voix qui volez sur les ailes du vent,
Chantres des airs que l'instinct seul éveille,
Joyeux concerts, léger gazouillement,
Plaintes, accords, tendre roucoulement,
Qui chantez-vous pendant que tout sommeille?
    La nuit a-t-elle une oreille
    Digne de ce chœur charmant?
    Attendez que l'ombre meure,
    Oiseaux, ne chantez qu'à l'heure
    Où l'aube naissante effleure
    Les neiges du mont lointain.
    Dans l'hymne de la nature,
    Seigneur, chaque créature

Forme à son heure en mesure
Un son du concert divin ;
Oiseaux, voix céleste et pure,
Soyez le premier murmure
Que Dieu reçoit du matin.

Et moi sur qui la nuit verse un divin dictame,
Qui sous le poids des jours courbe un front abattu,
Quel instinct de bonheur me réveille? O mon âme!
Pourquoi me réjouis-tu?

C'est que le ciel s'entr'ouvre ainsi qu'une paupière,
Quand des vapeurs des nuits les regards sont couverts;
Dans les sentiers de pourpre aux pas du jour ouverts,
Les monts, les flots, les déserts
Ont pressenti la lumière,
Et son axe de flamme, aux bords de sa carrière,
Tourne, et creuse déjà son éclatante ornière,
Sur l'horizon roulant des mers.

Chaque être s'écrie :
C'est lui, c'est le jour !
C'est lui, c'est la vie !
C'est lui, c'est l'amour !
Dans l'ombre assouplie
Le ciel se replie
Comme un pavillon;
Roulant son image,
Le léger nuage
Monte, flotte et nage

Dans son tourbillon ;
La nue orageuse
Se fend, et lui creuse
Sa pourpre écumeuse
En brillant sillon ;
Il avance, il foule
Ce chaos qui roule
Ses flots égarés ;
L'espace étincelle,
La flamme ruisselle
Sous ses pieds sacrés ;
La terre encor sombre
Lui tourne dans l'ombre
Ses flancs altérés ;
L'ombre est adoucie,
Les flots éclairés ;
Des monts colorés
La cime est jaunie ;
Des rayons dorés
Tout reçoit la pluie ;
Tout vit, tout s'écrie :
C'est lui, c'est le jour !
C'est lui, c'est la vie !
C'est lui, c'est l'amour !

O Dieu, vois dans les airs ! l'aigle éperdu s'élance
    Dans l'abîme éclatant des cieux ;
Sous les vagues de feu que bat son aile immense,
Il lutte avec les vents, il plane, il se balance ;
L'écume du soleil l'enveloppe à nos yeux :

Est-il allé porter jusques en ta présence
Des airs dont il est roi le sublime silence
    Ou l'hommage mystérieux ?

O Dieu, vois sur les mers ! le regard de l'aurore
Enfle le sein dormant de l'Océan sonore,
Qui, comme un cœur d'amour ou de joie oppressé,
Presse le mouvement de son flot cadencé,
    Et dans ses lames garde encore
Le sombre azur du ciel que la nuit a laissé ;
Comme un léger sillon qui se creuse et frissonne
Dans un champ où la brise a balancé l'épi,
Un flot naît d'une ride ; il murmure, il sillonne
L'azur muet encor de l'abîme assoupi ;
Il roule sur lui-même, il s'allonge, il s'abîme ;
    Le regard le perd un moment :
Où va-t-il ? Il revient revomi par l'abîme ;
Il dresse en mugissant sa bouillonnante cime ;
Le jour semble rouler sur son dos écumant ;
Il entraîne en passant les vagues qu'il écrase,
S'enfle de leur débris et bondit sur sa base ;
Puis enfin chancelant comme une vaste tour,
Ou comme un char fumant brisé dans la carrière,
    Il croule, et sa poussière
    En flocons de lumière
Roule et disperse au loin tous ces fragmens du jour.

La barque du pêcheur tend son aile sonore
Où le vent du matin vient déjà palpiter,
Et bondit sur les flots que l'ancre va quitter ;

Pareille au coursier qui dévore
Le frein qui semble l'irriter!

Le navire, enfant des étoiles,
Luit comme une colline aux bords de l'horizon,
Et réfléchit déjà dans ses plus hautes voiles
La blancheur de l'aurore et son premier rayon.

Léviathan bondit sur ses traces profondes,
Et des flots par ses jeux saluant le réveil,
De ses naseaux fumans il lance au ciel les ondes
Pour les voir retomber en rayons du soleil.

L'eau berce, le mât secoue
La tente des matelots;
L'air siffle, le ciel se joue
Dans la crinière des flots;
Partout l'écume brillante
D'une frange étincelante
Ceint le bord des flots amers :
Tout est bruit, lumière et joie,
C'est l'astre que Dieu renvoie,
C'est l'aurore sur les mers.

O Dieu, vois sur la terre! Un pâle crépuscule
Teint son voile flottant par la brise essuyé;
Sur les pas de la nuit l'aube pose son pié;
L'ombre des monts lointains se déroule et recule
Comme un vêtement replié.
Ses lambeaux déchirés par l'aile de l'aurore

Flottent livrés aux vents dans l'orient vermeil ;
La pourpre les enflamme et l'iris les colore ;
Ils pendent en désordre aux tentes du soleil,
Comme des pavillons quand une flotte arbore
Les couleurs de son roi dans les jours d'appareil.

    Sous des nuages de fumée,
Le rayon va pâlir sur les tours des cités,
Et sous l'ombre des bois les hameaux abrités,
Ces toits par l'innocence et la paix habités,
    Sur la colline embaumée,
    De jour et d'ombre semée,
Font rejaillir au loin leurs flottantes clartés.

Le laboureur répond au taureau qui l'appelle,
L'aurore les ramène au sillon commencé,
Il conduit en chantant le couple qu'il attelle,
Le vallon retentit sous le soc renversé ;
    Au gémissement de la roue
Il mesure ses pas et son chant cadencé ;
Sur sa trace en glanant le passereau se joue,
    Et le chêne à sa voix secoue
Le baume des sillons que la nuit a versé.

    L'oiseau chante, l'agneau bêle,
    L'enfant gazouille au berceau,
    La voix de l'homme se mêle
    Au bruit des vents et de l'eau,
    L'air frémit, l'épi frissonne,
    L'insecte au soleil bourdonne ;

L'airain pieux qui résonne
Rappelle au Dieu qui le donne
Ce premier soupir du jour :
Tout vit, tout luit, tout remue,
C'est l'aurore dans la nue,
C'est la terre qui salue
L'astre de vie et d'amour !

Mais tandis, ô mon Dieu, qu'aux yeux de ton aurore
Un nouvel univers chaque jour semble éclore,
Et qu'un soleil flottant dans l'abîme lointain
Fait remonter vers toi les parfums du matin,
D'autres soleils cachés par la nuit des distances,
Qu'à chaque instant là-haut tu produis et tu lances,
Vont porter dans l'espace à leurs planètes d'or
Des matins plus brillans et plus sereins encor.
Oui, l'heure où l'on t'adore est ton heure éternelle ;
Oui, chaque point des cieux pour toi la renouvelle,
Et ces astres sans nombre épars au sein des nuits
N'ont été par ton souffle allumés et conduits
Qu'afin d'aller, Seigneur, autour de tes demeures,
L'un l'autre se porter la plus belle des heures,
Et te faire bénir par l'aurore des jours,
Ici, là-haut, sans cesse, à jamais et toujours.

Oui, sans cesse un monde se noie
Dans les feux d'un nouveau soleil ;
Les cieux sont toujours dans la joie ;
Toujours un astre a son réveil ;
Partout où s'abaisse ta vue

Un soleil levant te salue ;
Les cieux sont un hymne sans fin !
Et des temps que tu fais éclore,
Chaque heure, ô Dieu, n'est qu'une aurore,
Et l'éternité qu'un matin !

Montez donc, flottez donc, roulez, volez, vents, flamme,
Oiseaux, vagues, rayons, vapeurs, parfums et voix !
Terre, exhale ton souffle ; homme, élève ton âme !
Montez, flottez, roulez, accomplissez vos lois !

Montez, volez à Dieu ; plus haut, plus haut encore :
Dans les feux du soleil sa splendeur vous a lui ;
Reportez dans les cieux l'hommage de l'aurore,
Montez, il est là-haut ; descendez, tout est lui !

Et toi, jour, dont son nom a commencé la course,
Jour qui dois rendre compte au Dieu qui t'a compté,
La nuit qui t'enfanta te rappelle à ta source,
Tu finis dans l'éternité.

Tu n'es qu'un pas du temps, mais ton Dieu te mesure ;
Tu dois de son auteur rapprocher la nature ;
Il ne t'a point créé comme un vain ornement,
Pour semer de tes feux la nuit du firmament,
Mais pour lui rapporter, aux célestes demeures,
La gloire et la vertu sur les ailes des heures,
Et la louange à tout moment !

IV.

LA LAMPE DU TEMPLE,

ou

L'AME PRÉSENTE A DIEU.

Pâle lampe du sanctuaire,
Pourquoi, dans l'ombre du saint lieu,
Inaperçue et solitaire,
Te consumes-tu devant Dieu ?

Ce n'est pas pour diriger l'aile
De la prière ou de l'amour,
Pour éclairer, faible étincelle,
L'œil de Celui qui fit le jour.

Ce n'est pas pour écarter l'ombre
Des pas de ses adorateurs ;
La vaste nef n'est que plus sombre
Devant tes lointaines lueurs.

Ce n'est pas pour lui faire hommage
Des feux qui sous ses pas ont lui ;
Les cieux lui rendent témoignage,
Les soleils brûlent devant lui.

Et pourtant, lampes symboliques,
Vous gardez vos feux immortels,
Et la brise des basiliques
Vous berce sur tous les autels.

Et mon œil aime à se suspendre
A ce foyer aérien,
Et je leur dis sans les comprendre :
Flambeaux pieux, vous faites bien.

Peut-être, brillantes parcelles
De l'immense création,
Devant son trône imitent-elles
L'éternelle adoration.

Et c'est ainsi, dis-je à mon âme,
Que de l'ombre de ce bas lieu,
Tu brûles, invisible flamme,
En la présence de ton Dieu.

Et jamais, jamais tu n'oublies
De diriger vers lui mon cœur,
Pas plus que ces lampes remplies
De flotter devant le Seigneur.

Quel que soit le vent, tu regardes
Ce pôle, objet de tous tes vœux,
Et comme un nuage tu gardes
Toujours ton côté lumineux.

Dans la nuit du monde sensible
Je sens avec sérénité
Qu'il est un point inaccessible
A la terrestre obscurité;

Une lueur sur la colline,
Qui veillera toute la nuit,
Une étoile qui s'illumine
Au seul astre qui toujours luit;

Un feu qui dans l'urne demeure
Sans s'éteindre et se consumer,
Où l'on peut jeter à toute heure
Un grain d'encens pour l'allumer.

Et quand sous l'œil qui te contemple,
O mon âme, tu t'éteindras,
Sur le pavé fumant du temple,
Son pied ne te foulera pas.

Mais vivante au foyer suprême,
Au disque du jour sans sommeil,
Il te réunira lui-même
Comme un rayon à son soleil.

Et tu luiras de sa lumière,
De la lumière de Celui
Dont les astres sont la poussière
Qui monte et tombe devant lui.

V.

BÉNÉDICTION DE DIEU

DANS LA SOLITUDE.

D'où me vient, ô mon Dieu, cette paix qui m'inonde ?
D'où me vient cette foi dont mon cœur surabonde ?
A moi qui tout à l'heure incertain, agité,
Et sur les flots du doute à tout vent ballotté,
Cherchais le bien, le vrai, dans les rêves des sages,
Et la paix dans des cœurs retentissans d'orages.
A peine sur mon front quelques jours ont glissé,
Il me semble qu'un siècle et qu'un monde ont passé ;
Et que, séparé d'eux par un abîme immense,
Un nouvel homme en moi renaît et recommence.

Ah ! c'est que j'ai quitté pour la paix du désert
La foule où toute paix se corrompt ou se perd ;
C'est que j'ai retrouvé dans mon vallon champêtre
Les soupirs de ma source et l'ombre de mon hêtre,
Et ces monts, bleus piliers d'un cintre éblouissant,
Et mon ciel étoilé d'où l'extase descend !
C'est que l'âme de l'homme est une onde limpide
Dont l'azur se ternit à tout vent qui la ride,
Mais qui, dès qu'un moment le vent s'est endormi,

Repolit la surface où le ciel a frémi ;
C'est que d'un toit de chaume une faible fumée,
Un peu d'herbe le soir par le pâtre allumée,
Suffit pour obscurcir tout le ciel d'un vallon
Et dérober le jour au plus pur horizon !
Qu'un vent vienne à souffler du soir ou de l'aurore,
Le nuage flottant s'entr'ouvre et s'évapore ;
L'ombre sur les gazons se séparant du jour,
Rend à tous les objets leur teinte et leur contour :
Le rayon du soleil, comme une onde éthérée,
Rejaillit de la terre à sa source azurée ;
L'horizon resplendit de joie et de clarté,
Et ne se souvient plus d'un peu d'obscurité !
Ah ! loin de ces cités où les bruits de la terre
Étouffent les échos de l'âme solitaire,
Que faut-il, ô mon Dieu ! pour nous rendre ta foi ?
Un jour dans le silence écoulé devant toi,
Regarder et sentir, et respirer, et vivre ;
Vivre, non de ce bruit dont l'orgueil nous enivre,
Mais de ce pain du jour qui nourrit sobrement,
De travail, de prière et de contentement ;
Se laisser emporter par le flux des journées,
Vers cette grande mer où roulent nos années,
Comme sur l'Océan la vague au doux roulis,
Berçant du jour au soir une algue dans ses plis,
Porte et couche à la fin au sable de la rive
Ce qui n'a point de rame, et qui pourtant arrive :
Notre âme ainsi vers Dieu gravite dans son cours.
Pour le cœur plein de lui que manque-t-il aux jours ?
Voici le gai matin qui sort humide et pâle

Des flottantes vapeurs de l'aube orientale,
Le jour s'éveille avec les zéphyrs assoupis,
La brise qui soulève et couche les épis,
Avec les pleurs sereins de la tiède rosée
Remontant perle à perle où la nuit l'a puisée,
Avec le cri du coq et le chant des oiseaux,
Avec les bêlemens prolongés des troupeaux,
Avec le bruit des eaux dans le moulin rustique,
Les accords de l'airain dans la chapelle antique,
La voix du laboureur ou de l'enfant joyeux
Sollicitant le pas du bœuf laborieux.

Mon cœur, à ce réveil du jour que Dieu renvoie,
Vers un ciel qui sourit s'élève sur sa joie,
Et de ces dons nouveaux rendant grâce au Seigneur,
Murmure en s'éveillant son hymne intérieur;
Demande un jour de paix, de bonheur, d'innocence,
Un jour qui pèse entier dans la sainte balance,
Quand la main qui les pèse à ses poids infinis,
Retranchera du temps ceux qu'il n'a pas bénis!
Puis viennent à leur tour les soins de la journée,
L'herbe à tondre du pré, la gerbe moissonnée
A coucher sur les chars, avant que, descendu,
Le nuage encor loin que l'éclair a fendu
Ne vienne enfler l'épi des gouttes de sa pluie,
Ou de ses blonds tuyaux ternir l'or qui s'essuie;
Les fruits tombés de l'arbre à relever; l'essaim
Débordant de la ruche à rappeler soudain,
La branche à soulager du fardeau qui l'accable,
Ou la source égarée à chercher sous le sable;

Puis le pauvre qui vient tendre à vide sa main
Où tombe au nom de Dieu son obole ou son pain ;
La veuve qui demande, aux cœurs exempts d'alarmes,
Cette aumône du cœur, une larme à ses larmes ;
L'ignorant, un conseil que l'espoir embellit ;
L'orphelin, du travail, et le malade un lit ;
Puis sous l'arbre, à midi, dont l'ombre les rassemble,
Maîtres et serviteurs qui consultent ensemble
Sur le ciel qui se couvre ou le vent qui fraîchit,
Sur le nuage épais que la grêle blanchit,
Les rameaux tout noircis par la dent des chenilles,
Ou la ronce aux cent bras qui trompe les faucilles ;
Puis montent des enfans à qui, seule au milieu,
La mère de famille apprend le nom de Dieu,
Enseigne à murmurer les mots dans son symbole,
A fixer sous leurs doigts le nombre et la parole,
A filer les toisons du lin ou des brebis,
Et du fil de leurs veilles à tisser leurs habits.

De labeur en labeur l'heure à l'heure enchaînée,
Vous porte sans secousse au bout de la journée ;
Le jour plein et léger tombe, et voilà le soir :
Sur le tronc d'un vieux ormeau seuil on vient s'asseoir ;
On voit passer des chars d'herbe verte et traînante,
Dont la main des glaneurs suit la roue odorante.
On voit le chevrier qui ramène des bois
Ses chèvres dont les pis s'allongent sous leur poids,
Le mendiant, chargé des dons de la vallée,
Rentrer le col pliant sous sa besace enflée ;
On regarde descendre avec un œil d'amour,

Sous les monts, dans les mers, l'astre poudreux du jour;
Et selon que son disque, en se noyant dans l'ombre,
Creuse une ornière d'or ou laisse un sillon sombre,
On sait si dans le ciel l'aurore de demain
Doit ramener un jour nébuleux ou serein,
Comme à l'œil du chrétien le soir pur d'une vie
Présage un jour plus beau dont la mort est suivie;
On entend l'angélus tinter, et d'un saint bruit
Convoquer les esprits qui bénissent la nuit.
Tout avec l'horizon s'obscurcit; l'âme est noire,
Le souvenir des morts revient dans la mémoire;
On songe à ses amis dont l'œil ne doit plus voir,
Dans le jour éternel, de matin ni de soir;
On sonde avec tristesse au fond de sa pensée
La place vide encor que leur mort a laissée,
Et pour combler un peu l'abîme douloureux,
On y jette un soupir, une larme pour eux!

Enfin quand sur nos fronts l'étoile des nuits tremble,
On remonte au foyer, on cause, on lit ensemble
Un de ces testamens sublimes, immortels,
Que des morts vertueux ont légués aux mortels,
Sur les âges lointains phares qu'on aime à suivre,
Homère, Fénelon, et surtout ce grand livre
Où les secrets du ciel et de l'humanité
Sont écrits en deux mots : Espoir et Charité!
Et quelquefois, enfin, pour enchanter nos veilles,
D'une chaste harmonie enivrant nos oreilles,
Nous répétons les vers de ces hommes divins
Qui, dérobant des sons aux luths des séraphins,

Ornent la vérité de nombre et de mesure,
Et parlent par image ainsi que la nature.

Mais le sommeil, doux fruit des jours laborieux,
Avant l'heure tardive appesantit nos yeux;
Comme aux jours de Rachel la prière rustique
Rassemble devant Dieu la tribu domestique,
Et pour que son encens soit plus pur et plus doux,
C'est la voix d'un enfant qui l'élève pour tous.
Cette voix virginale et qu'attendrit encore
La présence du Dieu qu'à genoux elle implore,
Invoque sur les nuits sa bénédiction;
On murmure un des chants des harpes de Sion,
On y répond en chœur; et la voix de la mère,
Douce et tendre, et l'accent mâle et grave du père,
Et celui des vieillards que les ans ont baissé,
Et celui des pasteurs que les champs ont cassé,
Bourdonnant sourdement la parole divine,
Forment avec les sons de la voix enfantine
Un contraste de trouble et de sérénité,
Comme une heure de paix dans un jour agité;
Et l'on croirait, au son de cette voix qui change,
Entendre des mortels interroger un ange.

Ainsi coule la vie en paisibles soleils:
Quelle foi peut manquer à des momens pareils?
Qu'importe ce vain flux d'opinions mortelles
Se brisant l'une l'autre en vagues éternelles,
Et ne répandant rien sur l'écueil de la nuit,
Que leur brillante écume, et de l'air et du bruit?

La vie est courte et pleine et suffit à la vie ;
De ces soins innocens l'âme heureuse et remplie
Ne doute pas du Dieu qu'elle porte avec soi ;
C'est sous d'humbles vertus qu'il a caché sa foi ;
Un regard en sait plus que les veilles des sages ;
Un beau soir qui s'endort dans son lit de nuages,
Une nuit découvrant dans son immensité
L'infini qui rayonne, et l'espace habité,
Un matin qui s'éveille étincelant de joie,
Ce poids léger du temps que le travail emploie,
Ce doux repos du cœur qui suit un saint soupir,
Ces troubles que d'un mot ton nom vient assoupir,
Mon Dieu, donnent à l'âme ignorante et docile
Plus de foi dans un jour qu'il n'est besoin pour mille ;
Plus de miel qu'il n'en tient dans la coupe du sort,
Plus d'espoir qu'il n'en faut pour embellir la mort.

Conserve-nous, mon Dieu, ces jours de ta promesse,
Ces labeurs, ces doux soins, cette innocente ivresse
D'un cœur qui flotte en paix sur les vagues du temps,
Comme l'aigle endormi sur l'aile des autans,
Comme un navire en mer qui ne voit qu'une étoile,
Mais où le nautonier chante en paix sous sa voile !
Conserve-nous ces cœurs et ces heures de miel,
Et nous croirons en toi comme l'oiseau du ciel,
Sans emprunter aux mots leur stérile évidence,
En sentant le printemps croit à ta providence ;
Comme le soir doré d'un jour pur et serein
S'endort dans l'espérance et croit au lendemain ;

Comme un juste mourant et fier de son supplice
Espère dans la mort et croit à ta justice ;
Comme la vertu croit à l'immortalité,
Comme l'œil croit au jour, l'âme à la vérité.

VI.

AUX CHRÉTIENS

DANS LES TEMPS D'ÉPREUVE.

Août, 1826.

Pourquoi vous troublez-vous, enfans de l'Évangile?
A quoi sert dans les cieux ton tonnerre inutile,
Disent-ils au Seigneur, quand ton Christ insulté,
Comme au jour où sa mort fit trembler les collines,
Un roseau dans les mains et le front ceint d'épines,
   Au siècle est présenté?

Ainsi qu'un astre éteint sur un horizon vide,
La foi, de nos aïeux la lumière et le guide,
De ce monde attiédi retire ses rayons;
L'obscurité, le doute ont brisé sa boussole,
Et laissent diverger, au vent de la parole,
   L'encens des nations.

Et tu dors? et les mains qui portent ta justice,
Les chefs des nations, les rois du sacrifice,
N'ont pas saisi le glaive et purgé le saint lieu?
Levons-nous, et lançons le dernier anathème;

Prenons les droits du ciel, et chargeons-nous nous-même
  Des justices de Dieu.

Arrêtez, insensés, et rentrez dans votre âme ;
Ce zèle dévorant dont mon nom vous enflamme
Vient-il, dit le Seigneur, ou de vous ou de moi?
Répondez; est-ce moi que la vengeance honore?
Ou n'est-ce pas plutôt l'homme que l'homme abhorre
  Sous cette ombre de foi?

Et qui vous a chargés du soin de sa vengeance?
A-t-il besoin de vous pour prendre sa défense?
La foudre, l'ouragan, la mort, sont-ils à nous?
Ne peut-il dans sa main prendre et juger la terre,
Ou sous son pied jaloux la briser comme un verre
  Avec l'impie et vous?

Quoi! nous a-t-il promis un éternel empire,
Nous, disciples d'un Dieu qui sur la croix expire,
Nous, à qui notre Christ n'a légué que son nom,
Son nom et le mépris, son nom et les injures,
L'indigence et l'exil, la mort et les tortures,
  Et surtout le pardon?

Serions-nous donc pareils au peuple déicide,
Qui, dans l'aveuglement de son orgueil stupide,
Du sang de son Sauveur teignit Jérusalem,
Prit l'empire du ciel pour l'empire du monde,
Et dit en blasphémant : Que ton sang nous inonde,
  O roi de Béthléem!

Ah ! nous n'avons que trop affecté cet empire !
Depuis qu'humbles proscrits échappés du martyre,
Nous avons des pouvoirs confondu tous les droits,
Entouré de faisceaux les chefs de la prière,
Mis la main sur l'épée, et jeté la poussière
      Sur la tête des rois.

Ah ! nous n'avons que trop, aux maîtres de la terre,
Emprunté, pour régner, leur puissance adultère,
Et dans la cause enfin du Dieu saint et jaloux,
Mêlé la voix divine avec la voix humaine,
Jusqu'à ce que Juda confondit dans sa haine
      La tyrannie et nous.

Voilà de tous nos maux la fatale origine ;
C'est de là qu'ont coulé la honte et la ruine,
La haine, le scandale et les dissensions ;
C'est de là que l'enfer a vomi l'hérésie,
Et que du corps divin tant de membres sans vie
      Jonchent les nations.

« Mais du Dieu trois fois saint notre injure est l'injure ;
Faut-il l'abandonner au mépris du parjure,
Aux langues du sceptique ou du blasphémateur ?
Faut-il, lâches enfans d'un père qu'on offense,
Tout souffrir sans réponse et tout voir sans vengeance ? »
      Et que fait le Seigneur ?

Sa terre les nourrit, son soleil les éclaire,
Sa grâce les attend, sa bonté les tolère,

Ils ont part à ses dons qu'il nous daigne épancher ;
Pour eux le ciel répand sa rosée et son ombre,
Et de leurs jours mortels il leur compte le nombre
  Sans en rien retrancher.

Il prête sa parole à la voix qui le nie ;
Il compatit d'en-haut à l'erreur qui le prie ;
A défaut des clartés, il nous compte un désir.
La voix qui crie Allah ! la voix qui dit Mon Père,
Lui portent l'encens pur et l'encens adultère :
  A lui seul de choisir.

Ah ! pour la vérité n'affectons pas de craindre ;
Le souffle d'un enfant, là-haut, peut-il éteindre
L'astre dont l'Éternel a mesuré les pas ?
Elle était avec nous, elle survit aux âges ;
Elle n'est point à l'homme, et ses propres nuages
  Ne l'obscurciront pas.

Elle est ! elle est à Dieu qui la dispense au monde,
Qui prodigue la grâce où la misère abonde.
Rendons grâce à lui seul du rayon qui nous luit !
Sans nous épouvanter de nos heures funèbres,
Sans nous enfler d'orgueil et sans crier ténèbres
  Aux enfans de la nuit.

Esprits dégénérés ! ces jours sont une épreuve,
Non pour la vérité toujours vivante et neuve,
Mais pour nous que la peine invite au repentir ;
Témoignons pour le Christ, mais surtout par nos vies ;

Notre moindre vertu confondra plus d'impies
    Que le sang d'un martyr.

Chrétiens, souvenons-nous que le chrétien suprême
N'a légué qu'un seul mot pour prix d'un long blasphème
A cette arche vivante où dorment ses leçons ;
Et que l'homme, outrageant ce que notre âme adore,
Dans notre cœur brisé ne doit trouver encore
    Que ce seul mot : Aimons !

VII.

HYMNE DE L'ENFANT

A SON RÉVEIL.

O père qu'adore mon père !
Toi qu'on ne nomme qu'à genoux !
Toi, dont le nom terrible et doux
Fait courber le front de ma mère !

On dit que ce brillant soleil
N'est qu'un jouet de ta puissance ;
Que sous tes pieds il se balance
Comme une lampe de vermeil.

On dit que c'est toi qui fais naître
Les petits oiseaux dans les champs,
Et qui donne aux petits enfans
Une âme aussi pour te connaître !

On dit que c'est toi qui produis
Les fleurs dont le jardin se pare,
Et que, sans toi, toujours avare,
Le verger n'aurait point de fruits.

Aux dons que ta bonté mesure
Tout l'univers est convié ;
Nul insecte n'est oublié
A ce festin de la nature.

L'agneau broute le serpolet,
La chèvre s'attache au cytise,
La mouche au bord du vase puise
Les blanches gouttes de mon lait !

L'alouette a la graine amère
Que laisse envoler le glaneur,
Le passereau suit le vanneur,
Et l'enfant s'attache à sa mère.

Et pour obtenir chaque don,
Que chaque jour tu fais éclore,
A midi, le soir, à l'aurore,
Que faut-il ? prononcer ton nom !

O Dieu ! ma bouche balbutie
Ce nom des anges redouté.
Un enfant même est écouté
Dans le chœur qui te glorifie ?

On dit qu'il aime à recevoir
Les vœux présentés par l'enfance,
A cause de cette innocence
Que nous avons sans le savoir.

On dit que leurs humbles louanges
A son oreille montent mieux ;
Que les anges peuplent les cieux,
Et que nous ressemblons aux anges !

Ah ! puisqu'il entend de si loin
Les vœux que notre bouche adresse,
Je veux lui demander sans cesse
Ce dont les autres ont besoin.

Mon Dieu, donne l'onde aux fontaines,
Donne la plume aux passereaux,
Et la laine aux petits agneaux,
Et l'ombre et la rosée aux plaines.

Donne au malade la santé,
Au mendiant le pain qu'il pleure,
A l'orphelin une demeure,
Au prisonnier la liberté.

Donne une famille nombreuse
Au père qui craint le Seigneur ;
Donne à moi sagesse et bonheur,
Pour que ma mère soit heureuse !

Que je sois bon, quoique petit,
Comme cet enfant dans le temple,
Que chaque matin je contemple,
Souriant au pied de mon lit.

Mets dans mon âme la justice,
Sur mes lèvres la vérité;
Qu'avec crainte et docilité
Ta parole en mon cœur mûrisse!

Et que ma voix s'élève à toi
Comme cette douce fumée
Que balance l'urne embaumée
Dans la main d'enfans comme moi!

VIII.

HYMNE DU SOIR DANS LES TEMPLES.

A MADAME LA PRINCESSE ALDOBRANDINI BORGHESE.

Salut! ô sacrés tabernacles,
Où tu descends, Seigneur, à la voix d'un mortel !
Salut, mystérieux autel,
Où la foi vient chercher et son pain immortel,
Et tes silencieux oracles !

Quand la dernière heure des jours
A gémi dans tes vastes tours,
Quand son dernier rayon fuit et meurt dans le dôme ;
Quand la veuve, tenant son enfant par la main,
A pleuré sur la pierre et repris son chemin
Comme un silencieux fantôme ;
Quand de l'orgue lointain l'insensible soupir
Avec le jour aussi semble enfin s'assoupir,
Pour s'éveiller avec l'aurore ;
Que la nef est déserte, et que, d'un pas tardif,
Aux lampes du saint lieu le lévite attentif
A peine la traverse encore,

Voici l'heure où je viens, à la chute des jours,
    Me glisser sous ta voûte obscure,
Et chercher, au moment où s'endort la nature,
    Celui qui veille toujours !

    Vous qui voilez les saints asiles,
    Où mes yeux n'osent pénétrer,
    Au pied de vos troncs immobiles,
    Colonnes, je viens soupirer.
    Versez sur moi, versez vos ombres,
    Rendez les ténèbres plus sombres
    Et le silence plus épais !
    Forêts de marbre et de porphyre,
    L'air qu'à vos pieds l'âme respire
    Est plein de mystère et de paix !

    Que l'amour et l'inquiétude,
    Égarant leurs ennuis secrets,
    Cherchent l'ombre et la solitude
    Sous les verts abris des forêts !
    O ténèbres du sanctuaire,
    L'œil religieux vous préfère
    Au bois par la brise agité ;
    Rien ne change votre feuillage,
    Votre ombre immobile est l'image
    De l'immobile éternité !

    Le cœur brisé par la souffrance,
    Las des promesses des mortels,
    S'obstine, et poursuit l'espérance

Jusqu'aux pieds des sacrés autels !
Le flot du temps mugit et passe,
L'homme passager vous embrasse
Comme un pilote anéanti,
Battu par la vague écumante,
Embrasse au sein de la tourmente
Le mât du navire englouti !

Où sont, colonnes éternelles,
Les mains qui taillèrent vos flancs?
Caveaux, répondez ! où sont-elles?
Poussière abandonnée aux vents;
Nos mains qui façonnent la pierre
Tombent avec elle en poussière,
Et l'homme n'en est point jaloux !
Il meurt, mais sa sainte pensée
Anime la pierre glacée,
Et s'élève au ciel avec vous.

Les forum, les palais s'écroulent,
Le temps les ronge avec mépris,
Le pied des passans qui les foulent
Écarte au hasard leurs débris;
Mais sitôt que le bloc de pierre,
Sorti des flancs de la carrière,
Seigneur ! pour ton temple est sculpté,
Il est à toi ! Ton ombre imprime
A nos œuvres le sceau sublime
De ta propre immortalité !

Le bruit de la foudre qui gronde
Et s'éloigne en baissant la voix,
Le sifflement des vents sur l'onde,
Les sourds gémissemens des bois,
La bouche qui vomit la bombe,
Le bruit du fleuve entier qui tombe
Dans un abîme avec ses eaux,
Sont moins majestueux encore
Qu'un peuple qui chante et t'adore
Sous tes mélodieux arceaux!

Quand l'hymne enflammé qui s'élance
De mille bouches à la fois,
De ton majestueux silence
Jaillit comme une seule voix;
Plus fort que le char des tempêtes,
Quand le chant divin des prophètes
Roule avec les flots de l'encens,
N'entends-tu pas les vieux portiques,
Les tombeaux, les siècles antiques,
Mêler une âme à nos accens?

Seigneur! j'aimais jadis à répandre mon âme
Sur les cimes des monts, dans la nuit des déserts,
Sur l'écueil où mugit la voix des vastes mers,
En présence du ciel et des globes de flamme,
Dont les feux pâlissans semaient les champs des airs!

Il me semblait, mon Dieu, que mon âme oppressée
Devant l'immensité, s'agrandissait en moi,

Et sur les vents, les flots, ou les feux élancée,
        De pensée en pensée,
        Allait se perdre en toi !

Je cherchais à monter, mais tu daignais descendre !
        Ah ! ton ouvrage a-t-il besoin
De s'élever si haut, de te chercher si loin ?
        Où n'es-tu pas pour nous entendre ?
De ton temple aujourd'hui j'aime l'obscurité,
C'est une île de paix sur l'océan du monde,
        Un phare d'immortalité,
Par la mort et par toi seulement habité !
On entend de plus loin le flot du temps qui gronde
        Sur ce seuil de l'éternité !

Il semble que la voix dans les airs égarée,
Par cet espace étroit dans ces murs concentrée,
        A notre âme retentit mieux !
Et que les saints échos de la voûte sonore
Te portent plus brûlant, avant qu'il s'évapore,
Le soupir qui te cherche en montant vers les cieux !

        Comme la vague orageuse
        S'apaise en touchant le bord,
        Comme la nef voyageuse,
        S'abrite à l'ombre du port ;
        Comme l'errante hirondelle
        Fuit sous l'aile maternelle
        L'œil dévorant du vautour,
        A tes pieds quand elle arrive,

L'âme errante et fugitive
Se recueille en ton amour !

Tu parles, mon cœur écoute ;
Je soupire, tu m'entends ;
Ton œil compte goutte à goutte
Les larmes que je répands;
Dans un sublime murmure,
Je suis, comme la nature,
Sans voix sous ta majesté ;
Mais je sens en ta présence,
L'heure pleine d'espérance
Tomber dans l'éternité !

Qu'importe en quels mots s'exhale
L'âme devant son auteur ?
Est-il une langue égale
A l'extase de mon cœur ?
Quoi que ma bouche articule,
Ce sang pressé qui circule,
Ce sein qui respire en toi,
Ce cœur qui bat et s'élance,
Ces yeux baignés, ce silence,
Tout parle, tout prie en moi.

Ainsi les vagues palpitent
Au lever du roi du jour,
Ainsi les astres gravitent,
Muets de crainte et d'amour ;
Ainsi les flammes s'élancent,

Ainsi les airs se balancent,
Ainsi se meuvent les cieux,
Ainsi ton tonnerre vole,
Et tu comprends sans parole
Leur hymne silencieux!

Ah! Seigneur! comprends-moi de même,
Entends ce que je n'ai pas dit;
Le silence est la voix suprême
D'un cœur de ta gloire interdit!
C'est toi! c'est moi! je suis! j'adore!
Le temps, l'espace s'évapore,
J'oublie et l'univers et moi!
Mais cette ivresse de l'extase,
Mais ce feu sacré qui m'embrase,
Mais ce poids divin qui m'écrase,
C'est toi, mon Dieu, c'est encor toi!

Pourquoi vous fermez-vous, maison de la prière?
Est-il une heure, ô Dieu! dans la nature entière,
    Où le cœur soit las de prier?
Où l'homme, qu'en ces lieux ta bonté daigne atte ndre,
N'ait devant tes autels un parfum à répandre,
    Une larme à te confier?

Mais c'en est fait, d'un pas que le respect mesure
    Je sors du parvis qui murmure;
    Je sors, et ton ombre me suit!
Mon pied silencieux se fait entendre à peine,
    Mon cœur se tait, et mon haleine

Sur mes lèvres passe sans bruit.

Jusqu'au retour de l'aurore
Sur mon front je garde encore
La majesté du saint lieu ;
Et comme après Sina, de toi l'âme encor pleine,
Ton prophète n'osait descendre dans la plaine,
Je crains de profaner par la parole humaine
Mes sens encor frappés du souffle de mon Dieu !

IX.

UNE LARME

OU CONSOLATION.

Tombez, larmes silencieuses,
Sur une terre sans pitié;
Non plus entre des mains pieuses,
Ni sur le sein de l'amitié !

Tombez comme une aride pluie
Qui rejaillit sur le rocher,
Que nul rayon du ciel n'essuie,
Que nul souffle ne vient sécher.

Qu'importe à ces hommes mes frères
Le cœur brisé d'un malheureux ?
Trop au-dessus de mes misères,
Mon infortune est si loin d'eux !

Jamais sans doute aucunes larmes
N'obscurciront pour eux le ciel ;
Leur avenir n'a point d'alarmes,
Leur coupe n'aura point de fiel.

Jamais cette foule frivole,
Qui passe en riant devant moi,
N'aura besoin qu'une parole
Lui dise : Je pleure avec toi !

Hé bien ! ne cherchons plus sans cesse
La vaine pitié des humains ;
Nourrissons-nous de ma tristesse,
Et cachons mon front dans mes mains.

A l'heure où l'âme solitaire
S'enveloppe d'un crêpe noir,
Et n'attend plus rien de la terre,
Veuve de son dernier espoir ;

Lorsque l'amitié qui l'oublie
Se détourne de son chemin,
Que son dernier bâton, qui plie,
Se brise et déchire sa main ;

Quand l'homme faible, et qui redoute
La contagion du malheur,
Nous laisse seul sur notre route
Face à face avec la douleur ;

Quand l'avenir n'a plus de charmes
Qui fassent désirer demain,
Et que l'amertume des larmes
Est le seul goût de notre pain ;

C'est alors que ta voix s'élève
Dans le silence de mon cœur,
Et que ta main, mon Dieu! soulève
Le poids glacé de ma douleur.

On sent que ta tendre parole
A d'autres ne peut se mêler,
Seigneur! et qu'elle ne console
Que ceux qu'on n'a pu consoler.

Ton bras céleste nous attire
Comme un ami contre son cœur;
Le monde, qui nous voit sourire,
Se dit : D'où leur vient ce bonheur?

Et l'âme se fond en prière
Et s'entretient avec les cieux,
Et les larmes de la paupière
Sèchent d'elles-mêmes à nos yeux,

Comme un rayon d'hiver essuie,
Sur la branche ou sur le rocher,
La dernière goutte de pluie
Qu'aucune ombre n'a pu sécher.

X.

POÉSIE,

ou

PAYSAGE DANS LE GOLFE DE GÊNES.

La lune est dans le ciel, et le ciel est sans voiles ;
Comme un phare avancé sur un rivage obscur
Elle éclaire de loin la route des étoiles,
Et leur sillage blanc dans l'océan d'azur.

    A sa clarté tremblante et tendre,
    L'œil qu'elle attire aime à descendre
    Les molles pentes des coteaux,
    A longer ces golfes sans nombre
    Où la terre embrasse dans l'ombre
    Les replis sinueux des eaux !

    Il aime à parcourir la voûte
    Où son disque trace la route
    Des astres noyés dans les airs,
    A compter la foule azurée
    Des étoiles dans l'empyrée,
    Et des vagues au bord des mers.

    A travers l'ombre opaque et noire
    Des hauts cyprès du promontoire,

Il voit sur l'humide élément
Chaque flot où sa lueur nage,
Rouler, en mourant sur la plage,
Une écume, un gémissement.

Couverte de sa voile blanche,
La barque, sous son mât qui penche,
Glisse et creuse un sillon mouvant ;
De la rive on entend encore
Palpiter la toile sonore
Sous l'aile orageuse du vent.

Astre aux rayons muets, que ta splendeur est douce,
Quand tu cours sur les monts, quand tu dors sur la mousse,
Que tu trembles sur l'herbe ou sur les blancs rameaux,
Ou qu'avec l'alcyon tu flottes sur les eaux !
Mais pourquoi t'éveiller quand tout dort sur la terre ?
Astre inutile à l'homme, en toi tout est mystère ;
Tu n'es pas son fanal, et tes molles lueurs
Ne savent pas mûrir les fruits de ses sueurs ;
Il ne mesure rien aux clartés que tu prêtes,
Il ne t'appelle pas pour éclairer ses fêtes ;
Mais fermant sa demeure aux célestes clartés,
Il s'éclaire de feux à la terre empruntés.
Quand la nuit vient t'ouvrir ta modeste carrière,
Tu trouves tous les yeux fermés à ta lumière,
Et le monde insensible à ton morne retour,
Froid comme ces tombeaux objets de ton amour !
A peine sous ce ciel où la nuit suit tes traces,
Un œil s'aperçoit-il seulement que tu passes,

Hors un pauvre pêcheur soupirant vers le bord,
Qui, tandis que le vent le berce loin du port,
Demande à tes rayons de blanchir la demeure
Où de son long retard ses enfans comptent l'heure ;
Ou quelque malheureux qui, l'œil fixé sur toi,
Pense au monde invisible et rêve ainsi que moi !

Ah ! si j'en crois mon cœur et ta sainte influence,
Astre ami du repos, des songes, du silence,
Tu ne te lèves pas seulement pour nos yeux ;
Mais du monde moral flambeau mystérieux,
A l'heure où le sommeil tient la terre oppressée,
Dieu fit de tes rayons le jour de la pensée !
Ce jour inspirateur et qui la fait rêver,
Vers les choses d'en haut l'invite à s'élever ;
Tu lui montres de loin, dans l'azur sans limite,
Cet espace infini que sans cesse elle habite ;
Tu luis entre elle et Dieu comme un phare éternel,
Comme ce feu marchant qui suivait Israël ;
Et tu guides ses yeux de miracle en miracle,
Jusqu'au seuil éclatant du divin tabernacle,
Où celui dont le nom n'est pas encor trouvé,
Quoiqu'en lettres de feu sur les sphères gravé,
Autour de sa splendeur multipliant les voiles,
Sema derrière lui ses portiques d'étoiles !

Luis donc, astre pieux, devant ton Créateur !
Et si tu vois Celui d'où coule ta splendeur,
Dis-lui que sur un point de ces globes funèbres
Dont tes rayons lointains consolaient les ténèbres,

Un atome perdu dans son immensité,
Murmurait dans la nuit son nom à ta clarté !

  Où vont ces rapides nuages,
Que roule à flocons d'or l'haleine des autans?
  Ils semblent d'instans en instans
De la terre et des flots retracer les images,
Dans leurs groupes épars et leurs miroirs flottans.

  Tantôt leurs couches allongées
  S'étendent en vastes niveaux,
  Comme des côtes qu'ont rongées
  Le temps, la tempête et les eaux ;
  Des rochers pendent en ruine
  Sur ces océans que domine
  Leur flanc, tant sillonné d'éclairs ;
  L'œil qui mesure ses rivages,
  Voit étinceler sur leurs plages
  L'écume flottante des mers.

  Tantôt en montagnes sublimes
  Ils dressent leurs sommets brûlans,
  La lumière éblouit leurs cimes,
  Les ténèbres couvrent leurs flancs,
  Des torrens jaunis les sillonnent,
  De brillans glaciers les couronnent,
  Et de leur sommet qui fléchit,
  Un flocon que le vent assiége,
  Comme une avalanche de neige
  S'écroule à leurs pieds, qu'il blanchit.

Là leurs gigantesques fantômes
Imitent les murs des cités,
Les palais, les tours et les dômes
Qu'ils ont tour à tour visités ;
Là s'élèvent des colonnades ;
Ici, sous de longues arcades
Où l'aurore enfonce ses traits,
Un rayon qui perce la nue
Semble illuminer l'avenue
De quelque céleste palais !

Mais sous l'aquilon qui les roule
En mille plis capricieux,
Tours, palais, temples, tout s'écroule,
Tout fond dans le vide des cieux ;
Ce n'est plus qu'un troupeau candide,
Qu'un pasteur invisible guide
Dans les plaines de l'horizon ;
Sous ses pas l'azur se dévoile,
Et le vent, d'étoile en étoile,
Disperse leur blanche toison !

Redescendez, mes yeux, des célestes campagnes !
Voyez sur ces rochers que l'écume a polis,
Voyez étinceler aux flancs de ces montagnes,
Tous ces torrens sans source et ces fleuves sans lits.
La cascade qui pleut dans le gouffre qui tonne,
Frappe l'air assourdi de son bruit monotone,
L'œil fasciné la cherche à travers les rameaux,
L'oreille attend en vain que son urne tarisse ;

De précipice en précipice,
Débordant, débordant à flots toujours nouveaux,
Elle tombe, et se brise, et bondit, et tournoie,
Et du fond de l'abîme où l'écume se noie
Se remonte elle-même en liquides réseaux,
Comme un cygne argenté qui s'élève et déploie
　　Ses blanches ailes sur les eaux !

Que j'aime à contempler dans cette anse écartée
La mer qui vient dormir sur la grève argentée,
　　Sans soupir et sans mouvement !
Le soir retient ici son haleine expirante,
De crainte de ternir la glace transparente
　　Où se mire le firmament.

De deux bras arrondis, la terre qui l'embrasse,
A la vague orageuse interdit cet espace,
　　Que borde un cercle de roseaux ;
Et d'un sable brillant une frange plus vive
Y serpente partout entre l'onde et la rive,
　　Pour amollir le lit des eaux !

Là tremblent dans l'azur les muettes étoiles,
Là dort le mât penché dépouillé de ses voiles,
　　Là quelques pauvres matelots
Sur le pont d'un esquif qu'a fatigué la lame,
De leurs foyers flottans ont rallumé la flamme
　　Et vont se reposer des flots.

De colline en colline, et d'étage en étage,

Les monts, dont ce miroir fait onduler l'image,
Descendent jusqu'au lit des mers ;
Et leurs flancs, hérissés d'une sombre verdure,
Par le contraste heureux de leur noire ceinture,
Y font briller des flots plus clairs.

Le chêne aux bras tendus penche son tronc sur l'onde ;
Le tortueux figuier dans la mer qui l'inonde
Baigne, en pliant, ses lourds rameaux ;
Et la vigne y jetant ses guirlandes trempées,
Laisse pendre et flotter ses feuilles découpées,
Où tremblent les reflets des eaux.

La lune, qui se penche au bord de la vallée,
Distille un jour égal, une aurore voilée,
Sur ce golfe silencieux ;
La mer n'a plus de flots, les bois plus de murmure,
Et la brise incertaine y flotte à l'aventure,
Ivre des parfums de ces lieux !

Sur ce site enchanté, mon âme qu'il attire
S'abat comme le cygne, et s'apaise et soupire
A cette image du repos ;
Que ne peut-elle, ô mer ! sur tes bords qu'elle envie,
Trouver comme ta vague un golfe dans la vie,
Pour s'endormir avec tes flots !

Mais quel bruit m'arrache à ce songe ?
C'est l'airain frémissant dans les tours des cités,
Le roulement des chars qu'un sourd écho prolonge,

Le marteau qui retombe à coups précipités,
L'enclume qui gémit, les coursiers qui hennissent,
Les instrumens guerriers qui tonnent ou frémissent,
Des pas, des cris, des chants, des murmures confus,
Et des vaisseaux partans les roulantes volées,
  Et des clameurs entremêlées
  De silences interrompus!

L'air, chargé de ces sons, qu'il emporte sur l'onde,
Et que chaque minute étouffe et reproduit,
Semble, comme une mer où la tempête gronde,
Rouler des flots de voix et des vagues de bruit!

Voilà donc le séjour d'un peuple, et le murmure
  De ces innombrables essaims,
Que la terre produit et dévore à mesure,
De leur vaine existence, hélas! encor si vains!
Tandis que la nature et les astres sommeillent
  Dans un repos silencieux,
Aux lueurs des flambeaux, ces insectes qui veillent,
Troublent seuls de leur bruit les mystères des cieux!
Ils veillent, et pourquoi? pour que je les entende,
Pour que le bruit qu'ils font revienne les frapper,
Pour que leur pas résonne et leur nom se répande,
Pour se tromper eux-même, ô mort! et te tromper!
Oui, du haut de ce tertre où mon pied les domine,
Je les entends encor! mais si je fais un pas,
Si je double le cap, ou franchis la colline,
Ce grand bruit, expirant sur la plage voisine,
  Sera comme s'il n'était pas!...

Avant que du zéphyr la printanière haleine
Ait cessé de verdir les feuilles de ce chêne,
  Qui compte déjà cent hivers;
Avant que cette pierre aux bords des flots roulée,
Et qui tremble déjà sur sa base ébranlée,
  Ait croulé sous le choc des mers;

Ces pas, ces voix, ces cris, cette rumeur immense,
Seront déjà rentrés dans l'éternel silence,
Les générations rouleront d'autres flots,
Et ce bruit insensé, que l'homme croit sublime,
Se sera pour jamais étouffé dans l'abîme,
  L'abîme qui n'a plus d'échos!

Mais où donc est ton Dieu? me demandent les sages.
Mais où donc est mon Dieu? dans toutes ces images,
  Dans ces ondes, dans ces nuages,
Dans ces sons, ces parfums, ces silences des cieux,
Dans ces ombres du soir, qui des hauts lieux descendent,
Dans ce vide sans astre, et dans ces champs de feux,
Et dans ces horizons sans bornes, qui s'étendent
Plus haut que la pensée et plus loin que les yeux!

  Il est une langue inconnue
  Que parlent les vents dans les airs,
  La foudre et l'éclair dans la nue,
  La vague aux bords grondans des mers,
  L'étoile de ses feux voilée,
  L'astre endormi sur la vallée,

Le chant lointain des matelots,
L'horizon, fuyant dans l'espace,
Et ce firmament que retrace
Le cristal ondulant des flots !

Les mers d'où s'élance l'aurore,
Les montagnes où meurt le jour,
La neige que le matin dore,
Le soir qui s'éteint sur la tour,
Le bruit qui tombe et recommence,
Le cygne qui nage ou s'élance,
Le frémissement des cyprès,
Les vieux temples sur les collines,
Les souvenirs dans les ruines,
Le silence au fond des forêts !

Les grandes ombres que déroulent
Les sommets que l'astre a quittés,
Les bruits majestueux qui roulent
Du sein orageux des cités,
Les reflets tremblans des étoiles,
Les soupirs du vent dans les voiles,
La foudre et son sublime effroi,
La nuit, les déserts, les orages ;
Et dans tous ces accens sauvages,
Cette langue parle de toi !

De toi, Seigneur, être de l'être !
Vérité, vie, espoir, amour !

De toi que la nuit veut connaître,
De toi que demande le jour,
De toi que chaque son murmure,
De toi que l'immense nature
Dévoile et n'a pas défini !
De toi que ce néant proclame,
Source, abîme, océan de l'âme,
Et qui n'as qu'un nom : l'Infini !

Ici-bas, toute créature
Entend tes sublimes accens,
O langue ! et, selon sa mesure,
En pénètre plus loin le sens !
Mais plus notre esprit, qu'elle attère,
En dévoile le saint mystère,
Plus du monde il est dégoûté ;
Un poids accable sa faiblesse,
Une solitaire tristesse
Devient sa seule volupté !

Ainsi, quand notre humble paupière,
Contemplant l'occident vermeil,
Fixe au terme de sa carrière
Le lit enflammé du soleil ;
Le regard qu'éblouit sa face
Retombe soudain dans l'espace
Comme frappé d'aveuglement ;
Il ne voit que des points funèbres,

Vide, solitude et ténèbres,
Dans le reste du firmament!

O Dieu! tu m'as donné d'entendre
Ce verbe, ou plutôt cet accord,
Tantôt majestueux et tendre,
Tantôt triste comme la mort!
Depuis ce jour, Seigneur, mon âme
Converse avec l'onde et la flamme,
Avec la tempête et la nuit!
Là chaque mot est une image,
Et je rougis de ce langage
Dont la parole n'est qu'un bruit!

O terre, ô mer, ô nuit! que vous avez de charmes!
Miroir éblouissant d'éternelle beauté,
Pourquoi, pourquoi mes yeux se voilent-ils de larmes
    Devant ce spectacle enchanté?
Pourquoi devant ce ciel, devant ces flots qu'elle aime,
Mon âme sans chagrin gémit-elle en moi-même,
    Jéhova, beauté suprême?
C'est qu'à travers ton œuvre elle a cru te saisir;
C'est que de tes grandeurs l'ineffable harmonie
N'est qu'un premier degré de l'échelle infinie,
Qu'elle s'élève à toi de désir en désir,
Et que plus elle monte et plus elle mesure
L'abîme qui sépare et l'homme et la nature
    De toi, mon Dieu, son seul soupir!

Noyez-vous donc, mes yeux, dans ces flots de tristesse;
Soulève-toi, mon cœur, sous ce poids qui t'oppresse;
Élance-toi, mon âme, et d'essor en essor,
Remonte de ce monde aux beautés éternelles,
Et demande à la mort de te prêter ses ailes,
Et, toujours aspirant à des splendeurs nouvelles,
  Crie au Seigneur : Encor, encor !

XI.

L'ABBAYE DE VALLOMBREUSE,

DANS LES APENNINS.

Esprit de l'homme, un jour sur ces cimes glacées
Loin d'un monde odieux quel souffle t'emporta?
Tu fus jusqu'au sommet chassé par tes pensées;
Quel charme ou quelle horreur à la fin t'arrêta?

Ce furent ces forêts, ces ténèbres, cette onde,
Et ces arbres sans date, et ces rocs immortels,
Et cet instinct sacré qui cherche un nouveau monde
Loin des sentiers battus que foulent les mortels.

Tu n'y vécus pas seul; sous des formes divines,
Tes apparitions peuplèrent ce beau lieu;
Tu voyais tour à tour passer sur ces collines
L'esprit de la tempête et le souffle de Dieu.

Sans doute ils t'enseignaient ce sublime langage
Que parle la nature au cœur des malheureux;
Tu comprenais les vents, le tonnerre et l'orage,
Comme les élémens se comprennent entre eux.

L'esprit de la prière et de la solitude
Qui plane sur les monts, les torrens et les bois,
Dans ce qu'aux yeux mortels la terre a de plus rude,
Appela de tout temps des âmes de son choix !

Venez, venez, dit-il à l'amour qui regrette,
Au génie opprimé sous un ingrat oubli,
Au proscrit que son toit redemande et rejette,
Au cœur qui goûta tout et que rien n'a rempli.

Venez, enfans du ciel, orphelins sur la terre,
Il est encor pour vous un asile ici-bas !
Mes trésors sont cachés, ma joie est un mystère,
Le vulgaire l'admire et ne la comprend pas !

Mais si votre œil pensif au ciel s'élève encore
Pour contempler la nuit qui se fond dans les airs,
Si vous aimez à voir les étoiles éclore,
Ou la lune onduler dans la lame des mers ;

Si la voix du torrent, qui gémit dans l'abîme
Et se brise en sanglots de rocher en rocher,
A votre lèvre encore arrache un cri sublime,
Et force malgré vous vos pas à s'approcher ;

Couché sous ces sapins aux feuilles dentelées,
Si votre oreille écoute avec ravissement
Glisser dans les rameaux ces brises modulées
Comme les sons plaintifs d'un céleste instrument ;

Si ce germe arraché d'une plante divine,
L'espérance, en vos cœurs malgré vous refleurit
Et croît dans le désert, pareille à la racine
Que sans terre et sans eau le rocher seul nourrit ;

Si la prière enfin de ses pleurs vous inonde,
Et devant l'Infini fait fléchir vos genoux ;
Ah! venez ; c'est trop peu pour vivre avec ce monde ;
Mais c'est assez pour vivre avec le ciel et vous!

HARMONIES
POÉTIQUES ET RELIGIEUSES.

LIVRE DEUXIÈME.

I.

PENSÉE DES MORTS.

Voilà les feuilles sans sève
Qui tombent sur le gazon,
Voilà le vent qui s'élève
Et gémit dans le vallon,
Voilà l'errante hirondelle
Qui rase du bout de l'aile
L'eau dormante des marais,
Voilà l'enfant des chaumières
Qui glane sur les bruyères
Le bois tombé des forêts.

L'onde n'a plus le murmure
Dont elle enchantait les bois;

Sous des rameaux sans verdure
Les oiseaux n'ont plus de voix;
Le soir est près de l'aurore,
L'astre à peine vient d'éclore
Qu'il va terminer son tour;
Il jette par intervalle
Une lueur de clarté pâle
Qu'on appelle encore un jour.

L'aube n'a plus de zéphyre
Sous ses nuages dorés,
La pourpre du soir expire
Sous les flots décolorés,
La mer solitaire et vide
N'est plus qu'un désert aride
Où l'œil cherche en vain l'esquif,
Et sur la grève plus sourde
La vague orageuse et lourde
N'a qu'un murmure plaintif.

La brebis sur les collines
Ne trouve plus le gazon,
Son agneau laisse aux épines
Les débris de sa toison,
La flûte aux accords champêtres
Ne réjouit plus les hêtres
Des airs de joie ou d'amour,
Toute herbe aux champs est glanée :
Ainsi finit une année,
Ainsi finissent nos jours!

C'est la saison où tout tombe
Aux coups redoublés des vents ;
Un vent qui vient de la tombe
Moissonne aussi les vivans :
Ils tombent alors par mille,
Comme la plume inutile
Que l'aigle abandonne aux airs,
Lorsque des plumes nouvelles
Viennent réchauffer ses ailes
A l'approche des hivers.

C'est alors que ma paupière
Vous vit pâlir et mourir,
Tendres fruits qu'à la lumière
Dieu n'a pas laissé mûrir !
Quoique jeune sur la terre,
Je suis déjà solitaire
Parmi ceux de ma saison,
Et quand je dis en moi-même :
Où sont ceux que ton cœur aime ?
Je regarde le gazon.

Leur tombe est sur la colline,
Mon pied le sait ; la voilà !
Mais leur essence divine,
Mais eux, Seigneur, sont-ils là ?
Jusqu'à l'indien rivage
Le ramier porte un message
Qu'il rapporte à nos climats ;
La voile passe et repasse,

Mais de son étroit espace
Leur âme ne revient pas.

Ah! quand les vents de l'automne
Sifflent dans les rameaux morts,
Quand le brin d'herbe frissonne,
Quand le pin rend ses accords,
Quand la cloche des ténèbres
Balance ses glas funèbres,
La nuit, à travers les bois,
A chaque vent qui s'élève,
A chaque flot sur la grève,
Je dis : N'es-tu pas leur voix?

Du moins si leur voix si pure
Est trop vague pour nos sens,
Leur âme en secret murmure
De plus intimes accens ;
Au fond des cœurs qui sommeillent,
Leurs souvenirs qui s'éveillent
Se pressent de tous côtés,
Comme d'arides feuillages
Que rapportent les orages
Au tronc qui les a portés!

C'est une mère ravie
A ses enfans dispersés,
Qui leur tend de l'autre vie
Ces bras qui les ont bercés ;
Des baisers sont sur sa bouche,

Sur ce sein qui fut leur couche
Son cœur les rappelle à soi ;
Des pleurs voilent son sourire,
Et son regard semble dire :
Vous aime-t-on comme moi?

C'est une jeune fiancée
Qui, le front ceint du bandeau,
N'emporta qu'une pensée
De sa jeunesse au tombeau ;
Triste, hélas! dans le ciel même,
Pour revoir celui qu'elle aime
Elle revient sur ses pas,
Et lui dit : Ma tombe est verte !
Sur cette terre déserte
Qu'attends-tu? Je n'y suis pas !

C'est un ami de l'enfance
Qu'aux jours sombres du malheur
Nous prêta la Providence
Pour appuyer notre cœur ;
Il n'est plus ; notre âme est veuve,
Il nous suit dans notre épreuve
Et nous dit avec pitié :
Ami, si ton âme est pleine,
De ta joie ou de ta peine
Qui portera la moitié ?

C'est l'ombre pâle d'un père
Qui mourut en nous nommant;

C'est une sœur, c'est un frère,
Qui nous devance un moment;
Sous notre heureuse demeure,
Avec celui qui les pleure,
Hélas! ils dormaient hier!
Et notre cœur doute encore,
Que le ver déjà dévore
Cette chair de notre chair!

L'enfant dont la mort cruelle
Vient de vider le berceau,
Qui tomba de la mamelle
Au lit glacé du tombeau;
Tous ceux enfin dont la vie,
Un jour ou l'autre ravie,
Emporte une part de nous,
Murmurent sous la poussière:
Vous qui voyez la lumière
Vous souvenez-vous de nous?

Ah! vous pleurer est le bonheur suprême,
Mânes chéris de quiconque a des pleurs!
Vous oublier c'est s'oublier soi-même:
N'êtes-vous pas un débris de nos cœurs?

En avançant dans notre obscur voyage,
Du doux passé l'horizon est plus beau,
En deux moitiés notre âme se partage,
Et la meilleure appartient au tombeau!

Dieu de pardon ! leur Dieu ! Dieu de leurs pères !
Toi que leur bouche a si souvent nommé !
Entends pour eux les larmes de leurs frères !
Prions pour eux, nous qu'ils ont tant aimé !

Ils t'ont prié pendant leur courte vie,
Ils ont souri quand tu les as frappés !
Ils ont crié : Que ta main soit bénie !
Dieu, tout espoir ! les aurais-tu trompés ?

Et cependant pourquoi ce long silence ?
Nous auraient-ils oubliés sans retour ?
N'aiment-ils plus ? Ah ! ce doute t'offense !
Et toi, mon Dieu ! n'es-tu pas tout amour ?

Mais, s'ils parlaient à l'ami qui les pleure,
S'ils nous disaient comment ils sont heureux,
De tes desseins nous devancerions l'heure,
Avant ton jour nous volerions vers eux.

Où vivent-ils ? quel astre à leur paupière
Répand un jour plus durable et plus doux ?
Vont-ils peupler ces îles de lumière ?
Ou planent-ils entre le ciel et nous ?

Sont-ils noyés dans l'éternelle flamme ?
Ont-ils perdu ces doux noms d'ici-bas,
Ces noms de sœur et d'amante et de femme ?
A ces appels ne répondront-ils pas ?

Non, non, mon Dieu, si la céleste gloire
Leur eût ravi tout souvenir humain,
Tu nous aurais enlevé leur mémoire ;
Nos pleurs sur eux couleraient-ils en vain ?

Ah ! dans ton sein que leur âme se noie !
Mais garde-nous nos places dans leur cœur ;
Eux qui jadis ont goûté notre joie,
Pouvons-nous être heureux sans leur bonheur ?

Étends sur eux la main de ta clémence,
Ils ont péché ; mais le ciel est un don !
Ils ont souffert ; c'est une autre innocence !
Ils ont aimé ; c'est le sceau du pardon !

    Ils furent ce que nous sommes,
    Poussière, jouet du vent !
    Fragiles comme des hommes,
    Faibles comme le néant !
    Si leurs pieds souvent glissèrent,
    Si leurs lèvres transgressèrent
    Quelque lettre de ta loi,
    O Père ! ô Juge suprême !
    Ah ! ne les vois pas eux-même,
    Ne regarde en eux que toi !

    Si tu scrutes la poussière,
    Elle s'enfuit à ta voix !
    Si tu touches la lumière,

Elle ternira tes doigts!
Si ton œil divin les sonde,
Les colonnes de ce monde
Et des cieux chancelleront;
Si tu dis à l'innocence :
Monte et plaide en ma présence!
Tes vertus se voileront.

Mais toi, Seigneur, tu possèdes
Ta propre immortalité!
Tout le bonheur que tu cèdes
Accroît ta félicité!
Tu dis au soleil d'éclore,
Et le jour ruisselle encore!
Tu dis au temps d'enfanter,
Et l'éternité docile,
Jetant les siècles par mille,
Les répand sans les compter!

Les mondes que tu répares
Devant toi vont rajeunir,
Et jamais tu ne sépares
Le passé de l'avenir;
Tu vis! et tu vis! les âges,
Inégaux pour tes ouvrages,
Sont tous égaux sous ta main;
Et jamais ta voix ne nomme,
Hélas! ces trois mots de l'homme :
Hier, aujourd'hui, demain!

O Père de la nature,
Source, abîme de tout bien,
Rien à toi ne se mesure,
Ah! ne te mesure à rien!
Mets, ô divine clémence,
Mets ton poids dans la balance,
Si tu pèses le néant!
Triomphe, ô vertu suprême!
En te contemplant toi-même,
Triomphe en nous pardonnant!

II.

L'OCCIDENT.

Et la mer s'apaisait, comme une urne écumante
Qui s'abaisse au moment où le foyer pâlit,
Et retirant du bord sa vague encor fumante,
Comme pour s'endormir rentrait dans son grand lit;

Et l'astre qui tombait de nuage en nuage,
Suspendait sur les flots son orbe sans rayon,
Puis plongeait la moitié de sa sanglante image,
Comme un navire en feu qui sombre à l'horizon ;

Et la moitié du ciel pâlissait, et la brise
Défaillait dans la voile, immobile et sans voix,
Et les ombres couraient, et sous leur teinte grise,
Tout sur le ciel et l'eau s'effaçait à la fois;

Et dans mon âme, aussi pâlissant à mesure,
Tous les bruits d'ici-bas tombaient avec le jour,
Et quelque chose en moi, comme dans la nature,
Pleurait, priait, souffrait, bénissait tour à tour!

Et vers l'occident seul, une porte éclatante
Laissait voir la lumière à flots d'or ondoyer,
Et la nue empourprée imitait une tente
Qui voile sans l'éteindre un immense foyer ;

Et les ombres, les vents, et les flots de l'abîme,
Vers cette arche de feu tout paraissait courir,
Comme si la nature et tout ce qui l'anime
En perdant la lumière avaient craint de mourir !

La poussière du soir y volait de la terre,
L'écume à blancs flocons sur la vague y flottait ;
Et mon regard long, triste, errant, involontaire,
Les suivait, et de pleurs sans chagrin s'humectait.

Et tout disparaissait ; et mon âme oppressée
Restait vide et pareille à l'horizon couvert,
Et puis il s'élevait une seule pensée,
Comme une pyramide au milieu du désert !

O lumière ! où vas-tu ? Globe épuisé de flamme,
Nuages, aquilons, vagues, où courez-vous ?
Poussière, écume, nuit ! vous, mes yeux, toi, mon âme !
Dites, si vous savez, où donc allons-nous tous ?

A toi, grand Tout ! dont l'astre est la pâle étincelle,
En qui la nuit, le jour, l'esprit, vont aboutir !
Flux et reflux divin de vie universelle,
Vaste océan de l'Être où tout va s'engloutir !...

III.

LA PERTE DE L'ANIO.

A M. LE MARQUIS TANCRÈDE DE BAROL.

J'avais rêvé, jadis, au bruit de ses cascades ;
Couché sur le gazon qu'Horace avait foulé,
    A l'ombre des vieilles arcades
Où la Sibylle dort sous son temple écroulé ;
Je l'avais vu tomber dans les grottes profondes
Où la flottante Iris se jouait dans ses ondes,
Comme avec les crins blancs d'un coursier des déserts
Le vent aime à jouer pendant qu'il fend les airs ;
Je l'avais vu plus loin sur la mousse écumante
Diviser en ruisseaux sa nappe encor fumante,
Étendre, resserrer ses ondoyans réseaux,
Jeter sur le gazon le voile errant des eaux,
Et, comblant le vallon de bruit et de poussière,
Poursuivre au loin sa course en vagues de lumière !

Mes regards à ses flots suspendus tout le jour,
Les cherchaient, les suivaient, les perdaient tour à tour,
Comme un esprit flottant de pensée en pensée,

Qui les perd, et revient sur leur trace effacée ;
Je le voyais monter, rouler, s'évanouir,
Et de ses flots brillans j'aimais à m'éblouir !
Il me semblait revoir ces longs rayons de gloire,
Dont la ville éternelle avait ceint sa mémoire,
Remonter vers leur source, à travers l'âge obscur,
Et couronner encor les sommets de Tibur ;
Et quand des flots hurlant dans leurs larges abîmes
Mon oreille écoutait les murmures sublimes,
Dans ces convulsions, ces voix, ces cris des flots,
Multipliés cent fois par de roulans échos,
Il me semblait entendre à travers la distance
Les secousses, les pas, les voix d'un peuple immense,
Qui, pareil à ces eaux, mais plus prompt dans son cours,
Fit du bruit sur ses bords, et s'est tu pour toujours...

O Fleuve ! lui disais-je : ô toi qui vis les âges
Prêter et retirer l'empire à tes rivages !
Toi dont le nom chanté par un humble affranchi
Vient braver, grâce à lui, le temps qu'il a franchi !
Toi, qui vis sur tes bords les oppresseurs du monde
Errer et demander du sommeil à ton onde*,
Tibulle soupirer les délires du cœur,
Scipion dédaigner les faisceaux du licteur,
César fuir son triomphe au fond de tes retraites,
Mécène y mendier de la gloire aux poëtes,
Brutus rêver le crime, et Caton la vertu,
Dans tes cent mille voix, Fleuve, que me dis-tu ?

* Mécène, dans les derniers temps de sa vie, ne pouvait dormir qu'à Tibur, au bruit des cascatelles. (*Historique.*)

M'apportes-tu des sons de la lyre d'Horace?
Ou la voix de César qui flatte et qui menace?
Ou l'orageux forum d'un peuple de héros,
Dont la voix des tribuns précipitait les flots,
Et qui, dans sa fureur montant comme ton onde,
Trop vaste pour son lit, débordait sur le monde?

Hélas! ces bruits divers ont passé sans retour;
Plus d'armes, de forum, de lyre ni d'amour!
Ce n'est qu'une eau qui pleut sur le rocher sonore,
Ce n'est que toi qui tombe, et qui murmure encore!
Que dis-je? il murmurait; il ne murmure plus!
De leur lit desséché ses flots sont disparus!
Et ces rochers pendans, et ces cavernes vides,
Et ces arbres privés de leurs perles liquides,
Et la génisse errante, et la biche, et l'oiseau
Qui vient sur le rocher chercher sa goutte d'eau,
Attendent vainement que l'onde évanouie
Rende au vallon muet le murmure et la vie,
Et dans leur solitude, et dans leur nudité,
Semblent prendre une voix, et dire : Vanité!...

Ah! faut-il s'étonner que les empires tombent,
Que de nos faibles mains les ouvrages succombent,
Quand ce que la nature avait fait d'éternel
S'altère par degrés, et meurt comme un mortel;
Quand un fleuve écumant qu'ont vu couler les âges,
Disparu tout à coup, laisse à nu ses rivages?
Un fleuve a disparu! mais ces trônes du jour,
Ces gigantesques monts crouleront à leur tour;

Mais dans ces cieux semés de leur sable splendide,
Tous ces astres éteints laisseront la nuit vide;
Mais cet espace même à la fin périra,
Et de tout ce qui fut, un jour, rien ne sera.
Rien ne sera, Seigneur! Mais toi, source des mondes,
Qui fais briller les feux, qui fais couler les ondes,
Qui sur l'axe des temps fais circuler les jours,
Tu seras! tu seras ce que tu fus toujours!
Tous ces astres éteints, ces fleuves qui tarissent,
Ces sommets écroulés, ces mondes qui périssent,
Dans l'abîme des temps ces siècles engloutis,
Ces temps et cet espace eux-même anéantis,
Ce pouvoir qui se rit de ses propres ouvrages,
A celui qui survit ce sont autant d'hommages,
Et chaque être mortel, par le temps emporté,
Est un hymne de plus à ton Éternité!

Italie! Italie! ah! pleure tes collines,
Où l'histoire du monde est écrite en ruines!
Où l'empire, en passant de climats en climats,
A gravé plus avant l'empreinte de ses pas!
Où la gloire, qui prit ton nom pour son emblème,
Laisse un voile éclatant sur ta nudité même.
Voilà le plus parlant de tes sacrés débris!
Pleure! un cri de pitié va répondre à tes cris!
Terre que consacra l'empire et l'infortune,
Source des nations, reine, mère commune!
Tu n'es pas seulement chère aux nobles enfans
Que ta verte vieillesse a portés dans ses flancs;
De tes ennemis même enviée et chérie,

De tout ce qui naît grand ton ombre est la patrie!
Et l'esprit inquiet, qui dans l'antiquité
Remonte vers la gloire et vers la liberté,
Et l'esprit résigné qu'un jour plus pur inonde,
Qui dédaignant ces dieux qu'adore en vain le monde,
Plus loin, plus haut encor, cherche un unique autel
Pour le Dieu véritable, unique, universel,
Le cœur plein, tous les deux, d'une tendresse amère,
T'adorent dans ta poudre, et te disent : Ma mère!
Le vent, en ravissant tes os à ton cercueil,
Semble outrager la gloire et profaner le deuil!
De chaque monument qu'ouvre le soc de Rome,
On croit voir s'exhaler les mânes d'un grand homme;
Et dans ce temple immense, où le Dieu du chrétien
Règne sur les débris de Jupiter païen,
Tout mortel, en entrant, prie et sent mieux encore
Que ton temple appartient à tout ce qui l'adore!...

Sur tes monts glorieux chaque arbre qui périt,
Chaque rocher miné, chaque urne qui tarit,
Chaque fleur que le soc brise sur une tombe,
De tes sacrés débris chaque pierre qui tombe,
Au cœur des nations retentissent longtemps,
Comme un coup plus hardi de la hache du temps!
Et tout ce qui flétrit ta majesté suprême
Semble en te dégradant nous dégrader nous-même!
Le malheur pour toi seule a doublé le respect,
Tout cœur s'ouvre à ton nom! tout œil à ton aspect!
Ton soleil, trop brillant pour une humble paupière,
Semble épancher sur toi la gloire et la lumière;

Et la voile qui vient de sillonner tes mers,
Quand tes grands horizons se montrent dans les airs,
Sensible et frémissante à ces grandes images,
S'abaisse d'elle-même en touchant tes rivages!
Ah! garde-nous longtemps, veuve des nations,
Garde au pieux respect des générations
Ces titres mutilés de la grandeur de l'homme
Qu'on retrouve à tes pieds dans la cendre de Rome!
Respecte tout, de toi, jusques à tes lambeaux!
Ne porte point envie à des destins plus beaux!
Mais, semblable à César à son heure suprême,
Qui du manteau sanglant s'enveloppe lui-même,
Quel que soit le destin que couve l'avenir,
Terre! enveloppe-toi de ton grand souvenir!
Que t'importe où s'en vont l'empire et la victoire?
Il n'est point d'avenir égal à ta mémoire!

IV.

L'INFINI DANS LES CIEUX.

C'est une nuit d'été ; nuit dont les vastes ailes
Font jaillir dans l'azur des milliers d'étincelles ;
Qui, ravivant le ciel comme un miroir terni,
Permet à l'œil charmé d'en sonder l'infini ;
Nuit où le firmament, dépouillé de nuages,
De ce livre de feu rouvre toutes les pages !
Sur le dernier sommet des monts, d'où le regard
Dans un double horizon se répand au hasard,
Je m'assieds en silence, et laisse ma pensée
Flotter comme une mer où la lune est bercée.

L'harmonieux Éther, dans ses vagues d'azur,
Enveloppe les monts d'un fluide plus pur ;
Leurs contours qu'il éteint, leurs cimes qu'il efface,
Semblent nager dans l'air et trembler dans l'espace,
Comme on voit jusqu'au fond d'une mer en repos
L'ombre de son rivage onduler sous les flots !
Sous ce jour sans rayon, plus serein qu'une aurore,
A l'œil contemplatif la terre semble éclore ;
Elle déroule au loin ses horizons divers
Où se joua la main qui sculpta l'univers !
Là, semblable à la vague, une colline ondule,

Là le coteau poursuit le coteau qui recule,
Et le vallon, voilé de verdoyans rideaux,
Se creuse comme un lit pour l'ombre et pour les eaux;
Ici s'étend la plaine, où, comme sur la grève,
La vague des épis s'abaisse et se relève;
Là, pareil au serpent dont les nœuds sont rompus,
Le fleuve, renouant ses flots interrompus,
Trace à son cours d'argent des méandres sans nombre,
Se perd sous la colline et reparaît dans l'ombre;
Comme un nuage noir, les profondes forêts
D'une tache grisâtre ombragent les guérets,
Et plus loin, où la plage en croissant se reploie,
Où le regard confus dans les vapeurs se noie,
Un golfe de la mer, d'îles entrecoupé,
Des blancs reflets du ciel par la lune frappé,
Comme un vaste miroir, brisé sur la poussière,
Réfléchit dans l'obscur des fragmens de lumière.

Que le séjour de l'homme est divin, quand la nuit
De la vie orageuse étouffe ainsi le bruit!
Ce sommeil qui d'en haut tombe avec la rosée
Et ralentit le cours de la vie épuisée,
Semble planer aussi sur tous les élémens,
Et de tout ce qui vit calmer les battemens;
Un silence pieux s'étend sur la nature,
Le fleuve a son éclat, mais n'a plus son murmure;
Les chemins sont déserts, les chaumières sans voix,
Nulle feuille ne tremble à la voûte des bois,
Et la mer elle-même, expirant sur sa rive,
Roule à peine à la plage une lame plaintive;

On dirait, en voyant ce monde sans échos,
Où l'oreille jouit d'un magique repos,
Où tout est majesté, crépuscule, silence,
Et dont le regard seul atteste l'existence,
Que l'on contemple en songe, à travers le passé,
Le fantôme d'un monde où la vie a cessé !
Seulement, dans les troncs des pins aux larges cimes,
Dont les groupes épars croissent sur ces abîmes,
L'haleine de la nuit, qui se brise parfois,
Répand de loin en loin d'harmonieuses voix,
Comme pour attester, dans leur cime sonore,
Que ce monde, assoupi, palpite et vit encore.

Un monde est assoupi sous la voûte des cieux ?
Mais dans la voûte même où s'élèvent mes yeux,
Que de mondes nouveaux, que de soleils sans nombre,
Trahis par leur splendeur, étincellent dans l'ombre !
Les signes épuisés s'usent à les compter,
Et l'âme infatigable est lasse d'y monter !
Les siècles, accusant leur alphabet stérile,
De ces astres sans fin n'ont nommé qu'un sur mille ;
Que dis-je ? Aux bords des cieux, ils n'ont vu qu'ondoyer
Les mourantes lueurs de ce lointain foyer :
Là l'antique Orion des nuits perçant les voiles,
Dont Job a le premier nommé les sept étoiles ;
Le navire fendant l'éther silencieux,
Le bouvier dont le char se traîne dans les cieux,
La lyre aux cordes d'or, le cygne aux blanches ailes,
Le coursier qui du ciel tire des étincelles,
La balance inclinant son bassin incertain,

Les blonds cheveux livrés au souffle du matin,
Le bélier, le taureau, l'aigle, le sagittaire,
Tout ce que les pasteurs contemplaient sur la terre,
Tout ce que les héros voulaient éterniser,
Tout ce que les amans ont pu diviniser,
Transporté dans le ciel par de touchans emblèmes,
N'a pu donner des noms à ces brillans systèmes.

Les cieux pour les mortels sont un livre entr'ouvert,
Ligne à ligne à leurs yeux par la nature offert;
Chaque siècle avec peine en déchiffre une page,
Et dit : Ici finit ce magnifique ouvrage ;
Mais sans cesse le doigt du céleste écrivain
Tourne un feuillet de plus de ce livre divin,
Et l'œil voit, ébloui par ces brillans mystères,
Étinceler sans fin de plus beaux caractères !
Que dis-je ? A chaque veille, un sage audacieux
Dans l'espace sans bords s'ouvre de nouveaux cieux ;
Depuis que le cristal qui rapproche les mondes
Perce du vaste éther les distances profondes,
Et porte le regard dans l'infini perdu,
Jusqu'où l'œil du calcul recule confondu,
Les cieux se sont ouverts comme une voûte sombre
Qui laisse en se brisant évanouir son ombre ;
Ses feux multipliés plus que l'atome errant
Qu'éclaire du soleil un rayon transparent,
Séparés ou groupés, par couches, par étages,
En vagues, en écume, ont inondé ses plages,
Si nombreux, si pressés, que notre œil ébloui,
Qui poursuit dans l'espace un astre évanoui,

Voit cent fois dans le champ qu'embrasse sa paupière
Des mondes circuler en torrens de poussière !
Plus loin sont ces lueurs que prirent nos aïeux
Pour les gouttes du lait qui nourrissait les dieux ;
Ils ne se trompaient pas : ces perles de lumière
Qui de la nuit lointaine ont blanchi la carrière,
Sont des astres futurs, des germes enflammés
Que la main toujours pleine a pour les temps semés,
Et que l'esprit de Dieu, sous ses ailes fécondes,
De son ombre de feu couve au berceau des mondes.
C'est de là que, prenant leur vol au jour écrit,
Comme un aiglon nouveau qui s'échappe du nid,
Ils commencent sans guide et décrivent sans trace
L'ellipse radieuse au milieu de l'espace,
Et vont, brisant du choc un astre à son déclin,
Renouveler des cieux toujours à leur matin.

Et l'homme cependant, cet insecte invisible,
Rampant dans les sillons d'un globe imperceptible,
Mesure de ces feux les grandeurs et les poids,
Leur assigne leur place, et leur route, et leurs lois,
Comme si, dans ses mains que le compas accable,
Il roulait ces soleils comme des grains de sable !
Chaque atome de feu que dans l'immense éther
Dans l'abîme des nuits l'œil distrait voit flotter,
Chaque étincelle errante aux bords de l'empyrée,
Dont scintille en mourant la lueur azurée ;
Chaque tache de lait qui blanchit l'horizon,
Chaque teinte du ciel qui n'a pas même un nom,
Sont autant de soleils, rois d'autant de systèmes,

Qui, de seconds soleils se couronnant eux-mêmes,
Guident, en gravitant dans ces immensités,
Cent planètes brûlant de leurs feux empruntés,
Et tiennent dans l'éther chacune autant de place
Que le soleil de l'homme en tournant en embrasse,
Lui, sa lune et sa terre, et l'astre du matin,
Et Saturne obscurci de son anneau lointain !

Oh ! que les cieux sont grands ! et que l'esprit de l'homme
Plie et tombe de haut, mon Dieu ! quand il te nomme !
Quand, descendant du dôme où s'égaraient ses yeux,
Atome, il se mesure à l'infini des cieux,
Et que de ta grandeur soupçonnant le prodige,
Son regard s'éblouit, et qu'il se dit : Que suis-je ?
Oh ! que suis-je, Seigneur ! devant les cieux et toi ?
De ton immensité le poids pèse sur moi,
Il m'égale au néant, il m'efface, il m'accable,
Et je m'estime moins qu'un de ces grains de sable ;
Car ce sable roulé par les flots inconstans,
S'il a moins d'étendue, hélas ! a plus de temps ;
Il remplira toujours son vide dans l'espace
Lorsque je n'aurai plus ni nom, ni temps, ni place ;
Son sort est devant toi moins triste que le mien,
L'insensible néant ne sent pas qu'il n'est rien,
Il ne se ronge pas pour agrandir son être,
Il ne veut ni monter, ni juger, ni connaître ;
D'un immense désir il n'est point agité ;
Mort, il ne rêve pas une immortalité !
Il n'a pas cette horreur de mon âme oppressée,
Car il ne porte pas le poids de ta pensée !

Hélas! pourquoi si haut mes yeux ont-ils monté?
J'étais heureux en bas de mon obscurité,
Mon coin dans l'étendue et mon éclair de vie
Me paraissaient un sort presque digne d'envie;
Je regardais d'en haut cette herbe; en comparant,
Je méprisais l'insecte et je me trouvais grand;
Et maintenant, noyé dans l'abîme de l'être,
Je doute qu'un regard du Dieu qui nous fit naître
Puisse me démêler d'avec lui, vil, rampant,
Si bas, si loin de lui, si voisin du néant!
Et je me laisse aller à ma douleur profonde,
Comme une pierre au fond des abîmes de l'onde;
Et mon propre regard, comme honteux de soi,
Avec un vil dédain se détourne de moi,
Et je dis en moi-même à mon âme qui doute:
Va, ton sort ne vaut pas le coup d'œil qu'il te coûte!
Et mes yeux desséchés retombent ici-bas,
Et je vois le gazon qui fleurit sous mes pas,
Et j'entends bourdonner sous l'herbe que je foule
Ces flots d'êtres vivans que chaque sillon roule:
Atomes animés par le souffle divin,
Chaque rayon du jour en élève sans fin,
La minute suffit pour compléter leur être,
Leurs tourbillons flottans retombent pour renaître;
Le sable en est vivant, l'éther en est semé,
Et l'air que je respire est lui-même animé;
Et d'où vient cette vie, et d'où peut-elle éclore,
Si ce n'est du regard où s'allume l'aurore?
Qui ferait germer l'herbe et fleurir le gazon,
Si ce regard divin n'y portait son rayon?

Cet œil s'abaisse donc sur toute la nature ;
Il n'a donc ni mépris, ni faveur, ni mesure ;
Et devant l'infini, pour qui tout est pareil,
Il est donc aussi grand d'être homme que soleil !
Et je sens ce rayon m'échauffer de sa flamme,
Et mon cœur se console, et je dis à mon âme :
Homme ou monde, à ses pieds, tout est indifférent,
Mais réjouissons-nous, car notre maître est grand !
Flottez, soleils des nuits, illuminez les sphères ;
Bourdonnez sous votre herbe, insectes éphémères ;
Rendons gloire là haut, et dans nos profondeurs,
Vous par votre néant, et vous par vos grandeurs,
Et toi par ta pensée, homme, grandeur suprême,
Miroir qu'il a créé pour s'admirer lui-même,
Écho que dans son œuvre il a si loin jeté,
Afin que son saint nom fût partout répété.
Que cette humilité qui devant lui m'abaisse
Soit un sublime hommage, et non une tristesse ;
Et que sa volonté, trop haute pour nos yeux,
Soit faite sur la terre ainsi que dans les cieux !

v.

LA SOURCE DANS LES BOIS D***.

Source limpide et murmurante
Qui de la fente du rocher
Jaillis en nappe transparente
Sur l'herbe que tu vas coucher;

Le marbre arrondi de Carrare,
Où tu bouillonnais autrefois,
Laisse fuir ton flot qui s'égare
Sur l'humide tapis des bois.

Ton dauphin verdi par le lierre
Ne lance plus de ses naseaux,
En jets ondoyans de lumière,
L'orgueilleuse écume des eaux.

Tu n'as plus pour temple et pour ombre
Que ces êtres majestueux
Qui penchent leur tronc vaste et sombre
Sur tes flots dépouillés comme eux.

La feuille que jaunit l'automne
S'en détache et ride ton sein,
Et la mousse verte couronne
Les bords usés de ton bassin.

Mais tu n'es pas lasse d'éclore;
Semblable à ces cœurs généreux
Qui, méconnus, s'ouvrent encore
Pour se répandre aux malheureux.

Penché sur ta coupe brisée,
Je vois tes flots ensevelis
Filtrer comme une humble rosée
Sous les cailloux que tu polis.

J'entends ta goutte harmonieuse
Tomber, tomber, et retentir
Comme une voix mélodieuse
Qu'entrecoupe un tendre soupir.

Les images de ma jeunesse
S'élèvent avec cette voix;
Elles m'inondent de tristesse,
Et je me souviens d'autrefois.

Dans combien de soucis et d'âges,
O toi que j'entends murmurer!
N'ai-je pas cherché tes rivages
Ou pour jouir ou pour pleurer?

A combien de scènes passées
Ton bruit rêveur s'est-il mêlé!
Quelle de mes tristes pensées
Avec tes flots n'a pas coulé!

Oui, c'est moi que tu vis naguères,
Mes blonds cheveux livrés au vent,
Irriter tes vagues légères
Faites pour la main d'un enfant.

C'est moi qui, couché sous les voûtes
Que ces arbres courbent sur toi,
Voyais, plus nombreux que tes gouttes,
Mes songes flotter devant moi.

L'horizon trompeur de cet âge
Brillait, comme on voit, le matin,
L'aurore dorer le nuage
Qui doit l'obscurcir en chemin.

Plus tard, battu par la tempête,
Déplorant l'absence ou la mort,
Que de fois j'appuyai ma tête
Sur le rocher d'où ton flot sort!

Dans mes mains cachant mon visage,
Je te regardais sans te voir,
Et, comme des gouttes d'orage,
Mes larmes troublaient ton miroir.

Mon cœur, pour exhaler sa peine,
Ne s'en fiait qu'à tes échos,
Car tes sanglots, chère fontaine,
Semblaient répondre à mes sanglots.

Et maintenant je viens encore,
Mené par l'instinct d'autrefois,
Écouter ta chute sonore
Bruire à l'ombre des grands bois.

Mais les fugitives pensées
Ne suivent plus tes flots errans.
Comme ces feuilles dispersées
Que ton onde emporte aux torrens,

D'un monde qui les importune
Elles reviennent à ta voix,
Aux rayons muets de la lune,
Se recueillir au fond des bois.

Oubliant le fleuve où t'entraîne
Ta course que rien ne suspend,
Je remonte, de veine en veine,
Jusqu'à la main qui te répand.

Je te vois, fille des nuages,
Flottant en vagues de vapeurs,
Ruisseler avec les orages
Ou distiller au sein des fleurs.

Le roc altéré te dévore
Dans l'abîme où grondent tes eaux,
Où le gazon, par chaque pore,
Boit goutte à goutte tes cristaux.

Tu filtres, perle virginale,
Dans des creusets mystérieux,
Jusqu'à ce que ton onde égale
L'azur étincelant des cieux.

Tu parais! le désert s'anime;
Une haleine sort de tes eaux,
Le vieux chêne élargit sa cime
Pour t'ombrager de ses rameaux.

Le jour flotte de feuille en feuille,
L'oiseau chante sur ton chemin;
Et l'homme à genoux te recueille
Dans l'or, ou le creux de sa main.

Et la feuille aux feuilles s'entasse,
Et fidèle au doigt qui t'a dit :
Coule ici pour l'oiseau qui passe!
Ton flot murmurant l'avertit.

Et moi, tu m'attends pour me dire :
Vois ici la main de ton Dieu!
Ce prodige que l'ange admire
De sa sagesse n'est qu'un jeu.

Ton recueillement, ton murmure,
Semblent lui préparer mon cœur;
L'amour sacré de la nature
Est le premier hymne à l'auteur.

A chaque plainte de ton onde,
Je sens retentir avec toi
Je ne sais quelle voix profonde
Qui l'annonce et le chante en moi.

Mon cœur grossi par mes pensées,
Comme tes flots dans ton bassin,
Sent, sur mes lèvres oppressées,
L'amour déborder de mon sein.

La prière brûlant d'éclore,
S'échappe en rapides accens,
Et je lui dis : Toi que j'adore,
Reçois ces larmes pour encens.

Ainsi me revoit ton rivage
Aujourd'hui, différent d'hier ;
Le cygne change de plumage,
La feuille tombe avec l'hiver.

Bientôt tu me verras peut-être,
Penchant sur toi mes cheveux blancs,
Cueillir un rameau de ton hêtre,
Pour appuyer mes pas tremblans.

Assis sur un banc de ta mousse,
Sentant mes jours prêts à tarir,
Instruit par ta pente si douce,
Tes flots m'apprendront à mourir !

En les voyant fuir goutte à goutte,
Et disparaître flot à flot,
Voilà, me dirai-je, la route
Où mes jours les suivront bientôt.

Combien m'en reste-t-il encore ?
Qu'importe ? Je vais où tu cours ;
Le soir pour nous touche à l'aurore :
Coulez, ô flots, coulez toujours !

VI.

IMPRESSIONS DU MATIN ET DU SOIR.

HYMNE.

L'orient jaillit comme un fleuve ;
La lumière coule à long flot,
La terre lui sourit et le ciel s'en abreuve,
Et de ces cieux vieillis l'aube sort aussi neuve
Que l'aurore du jour qui sortit du Très-Haut.

Soleil, voile de feu dont ton maître se couvre,
Quand tu reviens frapper les voûtes de la nuit,
Le firmament résonne et l'espace s'entr'ouvre,
Et Jéhova se montre à l'ombre qui te fuit.

La terre épanouie au rayon qui la dore,
Nage plus mollement dans l'élastique éther,
Comme un léger nuage enlevé par l'aurore
Plane avec majesté sur les vagues de l'air.

Les dômes des forêts que les brises agitent,
Bercent le frais, et l'ombre, et les chœurs des oiseaux ;
Et le souffle plus pur des ondes qui palpitent
Parfume en s'exhalant le lit voilé des eaux.

Et des pleurs de la nuit le sillon boit la pluie,
Et les lèvres des fleurs distillent leur encens,
Et d'un sein plus léger l'homme aspire la vie,
Et l'esprit plus divin se dégage des sens.

Et tandis que le vice, amoureux des ténèbres,
Ferme les yeux au jour et regrette la nuit,
Et que l'impur serpent presse ses nœuds funèbres
Pour échapper plus vite au rayon qui le suit,

Celui qui sait d'où vient l'aurore qui se lève,
Ouvre ses yeux noyés d'allégresse et d'amour,
Il reprend son fardeau que la vertu soulève,
S'élance et dit : Marchons à la clarté du jour!

Mais déjà les rayons remontent des vallées,
Et le chant des pasteurs plus plaintif et plus lent,
Comme la triste voix des heures écoulées,
Comme le vent qui meurt sur les cimes voilées,
  Semble pleurer en s'exhalant.

L'œil aux flancs des coteaux poursuivant la lumière,
Sent le jour défaillir sous sa morne paupière;
Les brises du matin se posent pour dormir,
Le rivage se tait, la voile tombe vide,
La mer roule à ses bords la nuit dans chaque ride,
Et tout ce qui chantait semble à présent gémir.
Et les songes menteurs, et les vaines pensées,
Que du front des mortels la lumière a chassées,
Et que la nuit couvait sous ses ailes glacées,

Descendent avec elle et voilent l'horizon ;
L'illusion se glisse en notre âme amollie,
Et l'air plein de silence et de mélancolie,
Des pavots du sommeil enivre la raison.

Et l'oiseau de la nuit sort des antres funèbres,
Ouvre avec volupté ses yeux lourds aux ténèbres,
Gémit, et croit chanter, dans l'ombre où son œil luit ;
Et l'homme dont les pas et le cœur aiment l'ombre,
Dit en portant les yeux au firmament plus sombre :
Sortons, Dieu s'est caché ; sortons, voici la nuit !

Et la foule ressemble, en son bruyant délire,
    A ces aveugles passagers
Qui prolongent leur veille aux accords de la lyre,
Et dansent sur le pont pendant que le navire
De l'ombre et de la vague affronte les dangers.

Mais nous, enfans du jour, qui croyons aux étoiles,
Nous qui savons l'écueil sous l'écume caché,
Aux hasards de ces nuits ne livrons pas nos voiles,
Sur le phare immortel veillons l'œil attaché.
Rassemblons-nous, prions ! Pendant que le jour tombe,
Craignons, craignons la nuit, image de la tombe ;
Dieu seul tient la lumière et l'ombre dans sa main ;
Qui sait si dans le vide où son vieux disque nage,
Le soleil de nos bords reprendra le chemin ?
Prions ! Le jour au jour ne donne point de gage,
Et le dernier rayon, en sortant du nuage,
Ne nous a pas juré de remonter demain.

En Dieu seul, ô mortels, fermons donc nos paupières!
Et du jour à la nuit remettant l'encensoir,
    Endormons-nous dans nos prières,
Comme le jour s'endort dans les parfums du soir.

Chaque heure a son tribut, son encens, son hommage,
Qu'elle apporte en mourant aux pieds de Jéhova;
Ce n'est qu'un même sens dans un divers langage,
Le matin et le soir lui disent : Hosanna!

La nature a deux chants, de bonheur, de tristesse,
Qu'elle rend tour à tour ainsi que notre cœur;
De l'une à l'autre note elle passe sans cesse :
Homme! l'une est ta joie, et l'autre ta douleur!

L'une sort du matin et chante avec l'aurore,
L'autre gémit le soir un triste et long adieu;
Au premier, au second, le ciel répond : Adore!
Et de l'hymne éternel le mot unique est Dieu!

VII.

HYMNE A LA DOULEUR.

Frappe encore, ô Douleur, si tu trouves la place !
Frappe, ce cœur saignant t'abhorre et te rend grâce !
Puissance qui ne sais plaindre ni pardonner !
Quoique mes yeux n'aient plus de pleurs à te donner,
Il est peut-être en moi quelque fibre sonore
Qui peut sous ton regard se torturer encore,
Comme un serpent coupé sur le chemin gisant,
Dont le tronçon se tord sous le pied du passant
Quand l'homme, ranimant une rage assouvie,
Cherche encor la douleur où ne bat plus la vie !
Il est peut-être encor dans mon cœur déchiré
Quelque cri plus profond et plus inespéré
Que tu n'as pas encor tiré d'une âme humaine,
Musique ravissante aux transports de la haine !
Cherche ! je m'abandonne à ton regard jaloux,
Car mon cœur n'a plus rien à sauver de tes coups !

Souvent, pour prolonger ma vie et ma souffrance,
Tu visitas mon sein d'un rayon d'espérance,
Comme on laisse reprendre haleine aux voyageurs,
Pour les mener plus loin au sentier des douleurs ;
Souvent, dans cette nuit qu'un éclair entrecoupe,

De la félicité tu me tendis la coupe,
Et, quand elle écumait sous mes désirs ardens,
Ta main me la brisait pleine contre les dents,
Et tu me déchirais, dans tes cruels caprices,
La lèvre aux bords sanglans du vase des délices !
Et maintenant, triomphe ! Il n'est pas dans mon cœur
Une fibre qui n'ait résonné sa douleur !
Pas un cheveu blanchi de ma tête penchée
Qui n'ait été broyé comme une herbe fauchée !
Pas un amour en moi qui n'ait été frappé,
Un espoir, un désir, qui n'ait péri trompé !
Et je cherche une place en mon cœur qui te craigne,
Mais je ne trouve plus en lui rien qui ne saigne !

Et cependant j'hésite, et mon cœur suspendu
Flotte encore incertain sur le nom qui t'est dû !
Ma bouche te maudit ; mais n'osant te maudire,
Mon âme en gémissant te respecte et t'admire !
Tu fais l'homme, ô Douleur ! oui, l'homme tout entier,
Comme le creuset l'or, et la flamme l'acier,
Comme le grès noirci des débris qu'il enlève,
En déchirant le fer, fait un tranchant au glaive ;
Qui ne t'a pas connu, ne sait rien d'ici-bas ;
Il foule mollement la terre, il n'y vit pas ;
Comme sur un nuage il flotte sur la vie ;
Rien n'y marque pour lui la route en vain suivie ;
La sueur de son front n'y mouille pas sa main,
Son pied n'y heurte pas les cailloux du chemin ;
Il n'y sait pas, à l'heure où faiblissent ses armes,
Retremper ses vertus aux flots brûlans des larmes,

Il n'y sait point combattre avec son propre cœur
Ce combat douloureux dont gémit le vainqueur,
Élever vers le ciel un cri qui le supplie,
S'affermir par l'effort sur son genou qui plie,
Et dans ses désespoirs, dont Dieu seul est témoin,
S'appuyer sur l'obstacle et s'élancer plus loin !

Pour moi, je ne sais pas à quoi tu me prépares,
Mais tes mains de leçons ne me sont point avares ;
Tu me traites, sans doute, en favori des cieux,
Car tu n'épargnes pas les larmes à mes yeux !
Eh bien ! je les reçois comme tu les envoies,
Tes maux seront mes biens, et tes soupirs mes joies ;
Je sens qu'il est en toi, sans avoir combattu,
Une vertu divine au lieu de ma vertu,
Que tu n'es pas la mort de l'âme, mais sa vie,
Que ton bras, en frappant, guérit et vivifie !
Toi donc que ma souffrance a souvent accusé,
Toi, devant qui ce cœur s'est tant de fois brisé,
Reçois, Dieu trois fois saint, cet encens dont tout fume !
Oui, c'est le seul bûcher que la terre t'allume,
C'est le charbon divin dont tu brûles nos sens !
Quand l'autel est souillé, la douleur est l'encens !

VIII.

JÉHOVA,

OU L'IDÉE DE DIEU.

Sinaï! Sinaï! quelle nuit pour ta cime!
Quels éclairs, sur tes flancs, éblouissent les yeux!
  Les noires vapeurs de l'abîme
Roulent en plis sanglans leurs vagues dans tes cieux!

    La nue enflammée
    Où ton front se perd,
    Vomit la fumée
    Comme un chaume vert;
    Le ciel d'où s'échappe
    Éclair sur éclair,
    Et pareil au fer
    Que le marteau frappe,
    Lançant coups sur coups
    La nuit, la lumière,
    Se voile ou s'éclaire,
    S'ouvre ou se resserre,
    Comme la paupière
    D'un homme en courroux!

Un homme, un homme seul gravit tes flancs qui grondent.
En vain tes mille échos tonnent et se répondent,
Ses regards assurés ne se détournent pas !
Tout un peuple éperdu le regarde d'en bas ;
Jusqu'aux lieux où ta cime et le ciel se confondent,
Il monte, et la tempête enveloppe ses pas !

   Le nuage crève ;
   Son brûlant carreau
   Jaillit comme un glaive
   Qui sort du fourreau !
   Les foudres portées
   Sur ces plis mouvans,
   Au hasard jetées
   Par les quatre vents,
   Entre elles heurtées,
   Partent en tous sens,
   Comme une volée
   D'aiglons aguerris
   Qu'un bruit de mêlée
   A soudain surpris,
   Qui, battant de l'aile,
   Volent pêle-mêle
   Autour de leurs nids,
   Et loin de leur mère,
   La mort dans leur serre,
   S'élancent de l'aire
   En poussant des cris !
   Le cèdre s'embrase,
   Crie, éclate, écrase

Sa brûlante base
Sous ses bras fumans !
La flamme en colonne
Monte, tourbillonne,
Retombe et bouillonne
En feux écumans ;
La lave serpente,
Et de pente en pente
Étend son foyer ;
La montagne ardente
Paraît ondoyer ;
Le firmament double
Les feux dont il luit ;
Tout regard se trouble,
Tout meurt ou tout fuit ;
Et l'air qui s'enflamme,
Repliant la flamme
Autour du haut lieu,
Va de place en place
Où le vent le chasse,
Semer dans l'espace
Des lambeaux de feu !

Sous ce rideau brûlant qui le voile et l'éclaire,
Moïse a seul, vivant, osé s'ensevelir ;
Quel regard sondera ce terrible mystère ?
Entre l'homme et le feu que va-t-il s'accomplir ?
Dissipez, vains mortels, l'effroi qui vous atterre !
C'est Jéhova qui sort ! Il descend au milieu
   Des tempêtes et du tonnerre !

C'est Dieu qui se choisit son peuple sur la terre,
C'est un peuple à genoux qui reconnaît son Dieu!

———

L'Indien élevant son âme
Aux voûtes de son ciel d'azur,
Adore l'éternelle flamme
Prise à son foyer le plus pur ;
Au premier rayon de l'aurore,
Il s'incline, il chante, il adore
L'astre d'où ruisselle le jour ;
Et le soir, sa triste paupière,
Sur le tombeau de la lumière
Pleure avec des larmes d'amour !

Aux plages que le Nil inonde,
Des déserts le crédule enfant,
Brûlé par le flambeau du monde,
Adore un plus doux firmament.
Amant de ses nuits solitaires,
Pour son culte ami des mystères,
Il attend dans l'ombre les cieux,
Et du sein des sables arides
Il élève des pyramides
Pour compter de plus près ses dieux.

La Grèce adore les beaux songes
Par son doux génie inventés ;
Et ses mystérieux mensonges,

Ombres pleines de vérités !
Il naît sous sa féconde haleine
Autant de dieux que l'âme humaine
A de terreurs et de désirs ;
Son génie amoureux d'idoles
Donne l'être à tous les symboles,
Crée un dieu pour tous les soupirs !

Sàhra ! sur tes vagues poudreuses
Où vont des quatre points des airs
Tes caravanes plus nombreuses
Que les sables de tes déserts ?
C'est l'aveugle enfant du prophète,
Qui va sept fois frapper sa tête
Contre le seuil de son saint lieu !
Le désert en vain se soulève
Sous la tempête ou sous le glaive,
Mourons, dit-il, Dieu seul est Dieu !

Sous les saules verts de l'Euphrate,
Que pleure ce peuple exilé ?
Ce n'est point la Judée ingrate,
Les puits taris de Siloé !
C'est le culte de ses ancêtres !
Son arche, son temple, ses prêtres,
Son Dieu qui l'oublie aujourd'hui !
Son nom est dans tous ses cantiques ;
Et ses harpes mélancoliques
Ne se souviennent que de lui !

Elles s'en souviennent encore,
Maintenant que des nations
Ce peuple exilé de l'aurore
Supporte les dérisions !
En vain, lassé de le proscrire,
L'étranger d'un amer sourire
Poursuit ses crédules enfans ;
Comme l'eau buvant cette offense,
Ce peuple traîne une espérance
Plus forte que ses deux mille ans !

Le sauvage enfant des savanes,
Informe ébauche des humains,
Avant d'élever ses cabanes,
Se façonne un dieu de ses mains ;
Si, chassé des rives du fleuve
Où l'ours, où le tigre s'abreuve,
Il émigre sous d'autres cieux,
Chargé de ses dieux tutélaires,
Marchons, dit-il, os de nos pères :
La patrie est où sont les dieux !

Et de quoi parlez-vous, marbres, bronzes, portiques,
Colonnes de Palmyre ou de Persépolis !
Panthéons sous la cendre ou l'onde ensevelis,
Si vides maintenant ! autrefois si remplis !
Et vous, dont nous cherchons les lettres symboliques,
D'un passé sans mémoire incertaines reliques,
Mystères d'un vieux monde en mystères écrits !

Et vous, temples debout, superbes basiliques,
Dont un souffle divin anime les parvis !

Vous nous parlez des dieux! des dieux! des dieux encore!
Chaque autel en porte un, qu'un saint délire adore,
Holocauste éternel que tout lieu semble offrir.
L'homme et les élémens, pleins de ce seul mystère,
N'ont eu qu'une pensée, une œuvre sur la terre :
    Confesser cet être et mourir !

———

Mais si l'homme occupé de cette œuvre suprême
Épuise toute langue à nommer le seul Grand,
Ah! combien la nature, en son silence même,
Le nomme mieux encore au cœur qui le comprend!
Voulez-vous, ô mortels, que ce Dieu se proclame!
Foulez aux pieds la cendre où dort le Panthéon
Et le livre où l'orgueil épèle en vain son nom!
De l'astre du matin le plus pâle rayon
Sur ce divin mystère éclaire plus votre âme
Que la lampe au jour faux qui veille avec Platon.

Montez sur ces hauteurs d'où les fleuves descendent,
Et dont les mers d'azur baignent les pieds dorés,
A l'heure où les rayons sur leurs pentes s'étendent,
Comme un filet trempé ruisselant sur les prés !
Quand tout autour de nous sera splendeur et joie,
Quand les tièdes réseaux des heures de midi
En vous enveloppant comme un manteau de soie,

Feront épanouir votre sang attiédi !

Quand la terre exhalant son âme balsamique
De son parfum vital enivrera vos sens,
Et que l'insecte même, entonnant son cantique,
Bourdonnera d'amour sur les bourgeons naissans !

Quand vos regards noyés dans un vague atmosphère,
Ainsi que le dauphin dans son azur natal,
Flotteront incertains entre l'onde et la terre,
Et des cieux de saphir et des mers de cristal,

Écoutez dans vos sens, écoutez dans votre âme
Et dans le pur rayon qui d'en haut vous a lui !
Et dites si le nom que cet hymne proclame
N'est pas aussi vivant, aussi divin que lui ?

IX.

LE CHÊNE.

SUITE DE JÉHOVA.

Voilà ce chêne solitaire
Dont le rocher s'est couronné,
Parlez à ce tronc séculaire,
Demandez comment il est né.
Un gland tombe de l'arbre et roule sur la terre,
L'aigle à la serre vide, en quittant les vallons,
S'en saisit en jouant et l'emporte à son aire
Pour aiguiser le bec de ses jeunes aiglons;
Bientôt du nid désert qu'emporte la tempête
Il roule confondu dans les débris mouvans,
Et sur la roche nue un grain de sable arrête
Celui qui doit un jour rompre l'aile des vents;
  L'été vient, l'aquilon soulève
La poudre des sillons, qui pour lui n'est qu'un jeu,
Et sur le germe éteint où couve encor la sève
  En laisse retomber un peu !
  Le printemps de sa tiède ondée
  L'arrose comme avec la main ;

Cette poussière est fécondée,
Et la vie y circule enfin !

La vie ! à ce seul mot tout œil, toute pensée,
S'inclinent confondus et n'osent pénétrer ;
Au seuil de l'Infini c'est la borne placée,
Où la sage ignorance et l'audace insensée
　　Se rencontrent pour adorer !

　　Il vit, ce géant des collines,
　　Mais avant de paraître au jour,
　　Il se creuse avec ses racines
　　Des fondemens comme une tour.
　　Il sait quelle lutte s'apprête,
　　Et qu'il doit contre la tempête
　　Chercher sous la terre un appui ;
　　Il sait que l'ouragan sonore
　　L'attend au jour !... ou, s'il l'ignore,
　　Quelqu'un du moins le sait pour lui !

　　Ainsi quand le jeune navire
　　Où s'élancent les matelots,
　　Avant d'affronter son empire,
　　Veut s'apprivoiser sur les flots,
　　Laissant filer son vaste câble,
　　Son ancre va chercher le sable
　　Jusqu'au fond des vallons mouvans,
　　Et sur ce fondement mobile
　　Il balance son mât fragile
　　Et dort au vain roulis des vents !

Il vit ! le colosse superbe
Qui couvre un arpent tout entier,
Dépasse à peine le brin d'herbe
Que le moucheron fait plier !
Mais sa feuille boit la rosée,
Sa racine fertilisée
Grossit comme une eau dans son cours,
Et dans son cœur qu'il fortifie
Circule un sang ivre de vie
Pour qui les siècles sont des jours !

Les sillons où les blés jaunissent
Sous les pas changeans des saisons,
Se dépouillent et se vêtissent
Comme un troupeau de ses toisons ;
Le fleuve naît, gronde et s'écoule,
La tour monte, vieillit, s'écroule ;
L'hiver effeuille le granit ;
Des générations sans nombre
Vivent et meurent sous son ombre,
Et lui ? voyez ! il rajeunit !

Son tronc que l'écorce protége,
Fortifié par mille nœuds,
Pour porter sa feuille ou sa neige
S'élargit sur ses pieds noueux ;
Ses bras que le temps multiplie,
Comme un lutteur qui se replie
Pour mieux s'élancer en avant,
Jetant leurs coudes en arrière,

Se recourbent dans la carrière
Pour mieux porter le poids du vent !

Et son vaste et pesant feuillage,
Répandant la nuit alentour,
S'étend, comme un large nuage,
Entre la montagne et le jour ;
Comme de nocturnes fantômes,
Les vents résonnent dans ses dômes,
Les oiseaux y viennent dormir,
Et pour saluer la lumière
S'élèvent comme une poussière,
Si sa feuille vient à frémir !

La nef dont le regard implore
Sur les mers un phare certain,
Le voit tout noyé dans l'aurore,
Pyramider dans le lointain !
Le soir fait pencher sa grande ombre
Des flancs de la colline sombre
Jusqu'au pied des derniers coteaux.
Un seul des cheveux de sa tête
Abrite contre la tempête
Et le pasteur et les troupeaux !

Et pendant qu'au vent des collines
Il berce ses toits habités,
Des empires dans ses racines,
Sous son écorce des cités ;
Là, près des ruches des abeilles,

Arachné tisse ses merveilles,
Le serpent siffle, et la fourmi
Guide à des conquêtes de sables
Ses multitudes innombrables
Qu'écrase un lézard endormi !

Et ces torrens d'âme et de vie,
Et ce mystérieux sommeil,
Et cette sève rajeunie
Qui remonte avec le soleil ;
Cette intelligence divine
Qui pressent, calcule, devine
Et s'organise pour sa fin ;
Et cette force qui renferme
Dans un gland le germe du germe
D'êtres sans nombres et sans fin !

Et ces mondes de créatures
Qui, naissant et vivant de lui,
Y puisent être et nourritures
Dans les siècles comme aujourd'hui ;
Tout cela n'est qu'un gland fragile
Qui tombe sur le roc stérile
Du bec de l'aigle ou du vautour !
Ce n'est qu'une aride poussière
Que le vent sème en sa carrière,
Et qu'échauffe un rayon du jour !

Et moi, je dis : Seigneur ! c'est toi seul, c'est ta force,
Ta sagesse et ta volonté,

Ta vie et ta fécondité,
Ta prévoyance et ta bonté !
Le ver trouve ton nom gravé sous son écorce,
Et mon œil, dans sa masse et son éternité !

X.

L'HUMANITÉ.

SUITE DE JÉHOVA.

A de plus hauts degrés de l'échelle de l'être,
En traits plus éclatans Jéhova va paraître,
La nuit qui le voilait ici s'évanouit !
Voyez aux purs rayons de l'amour qui va naître
    La vierge qui s'épanouit !

    Elle n'éblouit pas encore
    L'œil fasciné qu'elle suspend ;
    On voit qu'elle-même elle ignore
    La volupté qu'elle répand ;
    Pareille, en sa fleur virginale,
    A l'heure pure et matinale
    Qui suit l'ombre et que le jour suit,
    Doublement belle à la paupière,
    Et des splendeurs de la lumière
    Et des mystères de la nuit !

    Son front léger s'élève et plane
    Sur un cou flexible, élancé,

Comme sur le flot diaphane
Un cygne mollement bercé;
Sous la voûte à peine décrite
De ce temple où son âme habite,
On voit le sourcil s'ébaucher,
Arc onduleux d'or et d'ébène
Que craint d'effacer une haleine,
Ou le pinceau de retoucher!

Là jaillissent deux étincelles
Que voile et rouvre à chaque instant,
Comme un oiseau qui bat des ailes,
La paupière au cil palpitant!
Sur la narine transparente
Les veines où le sang serpente
S'entrelacent comme à dessein;
Et de sa lèvre qui respire
Se répand avec le sourire
Le souffle embaumé de son sein!

Comme un mélodieux génie
De sons épars fait des concerts,
Une sympathique harmonie
Accorde entre eux ces traits divers;
De cet accord, charme des charmes,
Dans le sourire ou dans les larmes
Naissent la grâce et la beauté;
La beauté, mystère suprême
Qui ne se révèle lui-même
Que par désir et volupté!

Sur ses traits, dont le doux ovale
Borne l'ensemble gracieux,
Les couleurs que la nue étale
Se fondent pour charmer les yeux ;
A la pourpre qui teint sa joue,
On dirait que l'onde s'y joue,
Ou qu'elle a fixé pour toujours,
Au moment qui la voit éclore,
Un rayon glissant de l'aurore
Sur un marbre aux divins contours !

Sa chevelure, qui s'épanche
Au gré du vent, prend son essor,
Glisse en ondes jusqu'à sa hanche,
Et là s'effile en franges d'or ;
Autour du cou blanc qu'elle embrasse,
Comme un collier elle s'enlace,
Descend, serpente, et vient rouler
Sur un sein où s'enflent à peine
Deux sources d'où la vie humaine
En ruisseaux d'amour doit couler !

Noble et légère, elle folâtre,
Et l'herbe que foulent ses pas
Sous le poids de son pied d'albâtre
Se courbe et ne se brise pas !
Sa taille en marchant se balance
Comme la nacelle, qui danse
Lorsque la voile s'arrondit
Sous son mât que berce l'aurore,

Balance son flanc vide encore
Sur la vague qui rebondit !

Son âme n'est rien que tendresse,
Son corps qu'harmonieux contour,
Tout son être que l'œil caresse
N'est qu'un pressentiment d'amour !
Elle plaint tout ce qui soupire ;
Elle aime l'air qu'elle respire,
Rêve ou pleure, ou chante à l'écart,
Et sans savoir ce qu'il implore
D'une volupté qu'elle ignore
Elle rougit sous un regard !

Mais déjà sa beauté plus mûre
Fleurit à son quinzième été !
A ses yeux toute la nature
N'est qu'innocence et volupté !
Aux feux des étoiles brillantes,
Au doux bruit des eaux ruisselantes,
Sa pensée erre avec amour ;
Et toutes les fleurs des prairies
Viennent entre ses doigts flétries
Sur son char sécher tour à tour !

L'oiseau, pour tout autre sauvage,
Sous ses fenêtres vient nicher,
Ou, charmé de son esclavage,
Sur ses épaules se percher ;
Elle nourrit les tourterelles,

Sur le blanc satin de leurs ailes
Promène ses doigts caressans,
Ou, dans un amoureux caprice,
Elle aime que leur cou frémisse
Sous ses baisers retentissans !

Elle paraît, et tout soupire,
Tout se trouble sous son regard ;
Sa beauté répand un délire
Qui donne une ivresse au vieillard !
Et comme on voit l'humble poussière
Tourbillonner à la lumière
Qui la fascine à son insu,
Partout où ce beau front rayonne,
Un souffle d'amour environne
Celle par qui l'homme est conçu !

Un homme ! un fils, un roi de la nature entière !
Insecte né de boue et qui vit de lumière !
Qui n'occupe qu'un point, qui n'a que deux instans,
Mais qui de l'Infini par la pensée est maître,
Et reculant sans fin les bornes de son être,
S'étend dans tout l'espace et vit dans tous les temps !

Il naît, et d'un coup d'œil il s'empare du monde,
Chacun de ses besoins soumet un élément ;
Pour lui germe l'épi, pour lui s'épanche l'onde,
Et le feu, fils du jour, descend du firmament !

L'instinct de sa faiblesse est sa toute-puissance ;

Pour lui l'insecte même est un objet d'effroi,
Mais le sceptre du globe est à l'intelligence ;
L'homme s'unit à l'homme, et la terre à son roi !

Il regarde, et le jour se peint dans sa paupière;
Il pense, et l'univers dans son âme apparaît !
Il parle, et son accent, comme une autre lumière,
Va dans l'âme d'autrui se peindre trait pour trait !

Il se donne des sens qu'oublia la nature,
Jette un frein sur la vague au vent capricieux,
Lance la mort au but que son calcul mesure,
Sonde avec un cristal les abîmes des cieux !

Il écrit, et les vents emportent sa pensée,
Qui va dans tous les lieux vivre et s'entretenir !
Et son âme invisible en traits vivans tracée
Écoute le passé qui parle à l'avenir !

Il fonde les cités, familles immortelles,
Et pour les soutenir il élève les lois,
Qui, de ces monumens colonnes éternelles,
Du temple social se divisent le poids !

Après avoir conquis la nature, il soupire ;
Pour un plus noble prix sa vie a combattu ;
Et son cœur vide encor dédaignant son empire,
Pour s'égaler aux dieux inventa la vertu !

Il offre en souriant sa vie en sacrifice,

Il se confie au Dieu que son œil ne voit pas ;
Coupable, a le remords qui venge la justice,
Vertueux, une voix qui l'applaudit tout bas !

Plus grand que son destin, plus grand que la nature,
Ses besoins satisfaits ne lui suffisent pas,
Son âme a des destins qu'aucun œil ne mesure,
Et des regards portant plus loin que le trépas !

Il lui faut l'espérance, et l'empire et la gloire,
L'avenir à son nom, à sa foi des autels,
Des dieux à supplier, des vérités à croire,
Des cieux et des enfers, et des jours immortels !

———

Mais le temps tout à coup manque à sa vie usée,
L'horizon raccourci s'abaisse devant lui,
Il sent tarir ses jours comme une onde épuisée,
  Et son dernier soleil a lui !

Regardez-le mourir !... Assis sur le rivage
Que vient battre la vague où sa nef doit partir,
Le pilote qui sait le but de son voyage
D'un cœur plus rassuré n'attend pas le zéphyr !

On dirait que son œil, qu'éclaire l'espérance,
Voit l'immortalité luire sur l'autre bord,
Au-delà du tombeau sa vertu le devance,
Et, certain du réveil, le jour baisse, il s'endort !

Et les astres n'ont plus d'assez pure lumière,
Et l'infini n'a plus d'assez vaste séjour,
Et les siècles divins d'assez longue carrière
Pour l'âme de celui qui n'était que poussière
    Et qui n'avait qu'un jour !

    Voilà cet instinct qui l'annonce
    Plus haut que l'aurore et la nuit.
    Voilà l'éternelle réponse
    Au doute qui se reproduit !
    Du grand livre de la nature,
    Si la lettre, à vos yeux obscure,
    Ne le trahit pas en tout lieu,
    Ah ! l'homme est le livre suprême :
    Dans les fibres de son cœur même
    Lisez, mortels : Il est un Dieu !

XI.

L'IDÉE DE DIEU.

SUITE DE JÉHOVA.

Heureux l'œil éclairé de ce jour sans nuage,
Qui partout ici-bas le contemple et le lit!
Heureux le cœur épris de cette grande image,
Toujours vide et trompé si Dieu ne la remplit!

Ah! pour celui-là seul la nature est sans ombre!
En vain le temps se voile et recule les cieux,
Le ciel n'a point d'abîme et le temps point de nombre
      Qui le cache à ses yeux?

Pour qui ne l'y voit pas tout est nuit et mystères;
Cet alphabet de feu dans le ciel répandu
Est semblable pour eux à ces vains caractères
Dont le sens, s'ils en ont, dans les temps s'est perdu!

Le savant sous ses mains les retourne et les brise
Et dit : Ce n'est qu'un jeu d'un art capricieux ;
Et cent fois en tombant ces lettres qu'il méprise
D'elles-même ont écrit le nom mystérieux !

Mais cette langue en vain par les temps égarée,
    Se lit hier comme aujourd'hui ;
Car elle n'a qu'un nom sous sa lettre sacrée,
    Lui seul ! lui partout ! toujours lui !

    Qu'il est doux pour l'âme qui pense
    Et flotte dans l'immensité
    Entre le doute et l'espérance,
    La lumière et l'obscurité,
    De voir cette idée éternelle
    Luire sans cesse au-dessus d'elle,
    Comme une étoile aux feux constans,
    La consoler sous ses nuages
    Et lui montrer les deux rivages
    Blanchis de l'écume du temps !

    En vain les vagues des années
    Roulent dans leur flux et reflux
    Les croyances abandonnées
    Et les empires révolus !
    En vain l'opinion qui lutte
    Dans son triomphe ou dans sa chute
    Entraîne un monde à son déclin ;
    Elle brille sur sa ruine,
    Et l'histoire qu'elle illumine
    Ravit son mystère au destin !

    Elle est la science du sage,
    Elle est la foi de la vertu !
    Le soutien du faible, et le gage

Pour qui le juge a combattu !
En elle la vie a son juge
Et l'infortune son refuge,
Et la douleur se réjouit.
Unique clef du grand mystère,
Otez cette idée à la terre,
Et la raison s'évanouit !

Cependant le monde qu'oublie
L'âme absorbée en son auteur,
Accuse sa foi de folie
Et lui reproche son bonheur,
Pareil à l'oiseau des ténèbres
Qui, charmé des lueurs funèbres,
Reproche à l'oiseau du matin
De croire au jour qui vient d'éclore
Et de planer devant l'aurore
Enivré du rayon divin !

Mais qu'importe à l'âme qu'inonde
Ce jour que rien ne peut voiler !
Elle laisse rouler le monde
Sans l'entendre et sans s'y mêler !
Telle une perle de rosée
Que fait jaillir l'onde brisée
Sur des rochers retentissans,
Y sèche pure et virginale,
Et seule dans les cieux s'exhale
Avec la lumière et l'encens !

XII.

SOUVENIRS D'ENFANCE,

ou

LA VIE CACHÉE.

A M. P. G. DE B***.

Quand la voix du passé résonnait dans son âme,
Les regards d'Ossian étincelaient de flamme,
Le vol de sa pensée agitait ses cheveux,
Sa harpe frémissait dans ses genoux nerveux,
Et ses accens, pareils au murmure des ondes,
Coulaient à flots pressés de ses lèvres fécondes,
Comme un torrent d'hiver qu'on ne peut contenir ;
Le vieillard n'était plus que voix et souvenir.
O puissance de l'âme ! ô jeunesse éternelle !
Qu'une douce mémoire en nos seins renouvelle !...
Sur ma lyre, Ossian ! je ne vois pas encor
Flotter mes cheveux blancs parmi ces cordes d'or,
Mon cœur est tiède encor des feux de ma jeunesse,
Je n'ai pas tes longs jours, j'ai déjà ta tristesse ;
Je parcours comme toi le champ de mes regrets !
Adorant comme toi les monts et les forêts,

J'aime à m'asseoir, aux bords des torrens de l'automne,
Sur le rocher battu par le flot monotone,
A suivre dans les airs la nue et l'aquilon,
A leur prêter des traits, un corps, une âme, un nom,
Et d'êtres adorés m'en formant les images,
A dire aussi : Mon âme est avec les nuages !
Mais je ne chante plus ; les hommes de nos jours
A ta harpe elle-même, hélas ! resteraient sourds ;
Trop pleins d'un avenir tout brillant de chimères,
Leurs yeux vers le passé ne se détournent guères ;
Et si ma harpe encor pour tromper mes ennuis
Soupire pour moi seul dans l'ombre de mes nuits,
Ces chants dont ta douleur faisait son bien suprême,
De leur écho plaintif m'importunent moi-même,
Et mon cœur redescend de cet oubli trop court,
Comme un poids soulevé qui retombe plus lourd !

Quel attrait cependant à ma lyre rebelle
Du fond de ma langueur aujourd'hui me rappelle?
D'où vient qu'à mon insu, mariés à ma voix,
Les mots harmonieux s'enchaînent sous mes doigts?
Et qu'en mètres brillans ma verve cadencée
Comme un courant limpide emporte ma pensée?
Ah! c'est qu'une voix chère a retenti dans moi,
C'est que le souvenir qui me rappelle à toi,
Écartant loin de lui les ombres des années,
Et déployant soudain ses ailes enchaînées,
Au-dessus des douleurs, des dégoûts, fruits du temps,
Franchit d'un vol léger les jours, les mois, les ans,
Et m'emporte avec toi dans ce séjour champêtre,

Dans ces temps écoulés que ton nom fait renaître,
Jeune, heureux, le cœur plein d'ignorance et d'espoir,
Brillant comme un matin qui n'aurait point de soir,
Tel que notre amitié nous vit à son aurore,
Et qu'à sa douce voix je crois nous voir encore ;
A son prisme divin le présent effacé
Se colore des feux dont brillait le passé.

O champs de Bienassis, maison, jardin, prairies,
Treilles qui fléchissaient sous leurs grappes mûries,
Ormes qui sur le seuil étendaient leurs rameaux,
Et d'où sortait le soir le chœur des passereaux,
Vergers où de l'été la teinte monotone
Pâlissait jour à jour aux rayons de l'automne,
Où la feuille en tombant sous les pleurs du matin
Dérobait à nos pieds le sentier incertain ;
Pas égarés au loin dans les frais paysages,
Heures tièdes du jour coulant sous des ombrages,
Sommeils rafraîchissans goûtés au bord des eaux,
Songes qui descendaient, qui remontaient si beaux,
Pressentimens divins, intimes confidences,
Lectures, rêverie, entretiens, doux silences ;
Table riche des dons que l'automne étalait,
Où les fruits du jardin, où le miel et le lait,
Assaisonnés des soins d'une mère attentive,
De leur luxe champêtre enchantaient le convive ;
Silencieux réduit où des rayons de bois
Par l'âge vermoulus et pliant sous le poids,
Nous offraient ces trésors de l'humaine sagesse
Où nos yeux altérés puisaient jusqu'à l'ivresse,

Où la lampe avec nous veillant jusqu'au matin
Nous guidait au hasard comme un phare incertain,
De volume en volume; hélas! croyant encore
Que le livre savait ce que l'auteur ignore,
Et que la vérité, trésor mystérieux,
Pouvait être cherchée ailleurs que dans les cieux !
Scènes de notre enfance', après quinze ans rêvées,
Au plus pur de mon cœur impressions gravées,
Lieux, noms, demeure, et vous, aimables habitans,
Je vous revois encore après un si long temps,
Aussi présens à l'œil que le sont des rivages
A l'onde dont le cours reflète les images,
Aussi frais, aussi doux, que si jamais les pleurs
N'en avaient dans mes yeux altéré les couleurs;
Et vos rians tableaux sont à mon âme aimante
Ce qu'au navigateur battu par la tourmente
Sont les songes dorés qui lui montrent de loin
Le rivage chéri de son bonheur témoin,
L'ondoyante moisson que sa main a semée,
Et du toit paternel le seuil, ou la fumée !
Tu n'as donc pas quitté ce port de ton bonheur ;
Ce soleil du matin qui réjouit ton cœur,
Comme un arbre au rocher fixé par sa racine,
Te retrouve toujours sur la même colline ;
Nul adieu n'attrista le seuil de ta maison,
Jamais, jamais tes yeux n'ont changé d'horizon;
L'arbre de ton aïeul, l'arbre qui t'a vu naître
N'a jamais reverdi sans ombrager son maître ;
Jamais le voyageur en voyant du chemin
Ta demeure fermée aux rayons du matin,

Trouvant l'herbe grandie ou le sentier plus rude,
N'a demandé, surpris de cette solitude,
Sur quels bords étrangers, dans quels lointains séjours,
Le vent de l'inconstance avait poussé tes jours.
Ton verger ne voit pas une main mercenaire
Cueillir ces fruits greffés par ta main tutélaire,
Et ton ruisseau, content de son lit de gazon,
Comme un hôte fidèle à la même maison,
Vient murmurer toujours au seuil de ta demeure,
Et de la même voix t'endort à la même heure!
Ainsi tu vieilliras sans que tes jours pareils
Soient comptés autrement que par leurs doux soleils,
Sans que les souvenirs de ton heureuse histoire
Laissent d'autres sillons gravés dans ta mémoire
Que le cercle inégal des diverses saisons,
Des printemps plus tardifs, de plus riches moissons;
Tes pampres moins chargés, tes ruches plus fécondes,
Ou ta source sevrant ton jardin de ses ondes,
Sans avoir dissipé des jours trop tôt comptés,
Dans la poudre, ou le bruit, ou l'ombre des cités,
Et sans avoir semé de distance en distance,
A tous les vents du ciel ta stérile espérance!

Ah! rends grâce à ton sort de ce flot lent et doux
Qui te porte en silence où nous arrivons tous,
Et comme ton destin si borné dans sa course,
Dans son lit ignoré s'endort près de sa source;
Ne porte point envie à ceux qu'un autre vent
Sur les routes du monde a conduits plus avant,
Même à ces noms frappés d'un peu de renommée!

Du feu qu'elle répand toute âme est consumée;
Notre vie est semblable au fleuve de cristal
Qui sort humble et sans nom de son rocher natal;
Tant qu'au fond du bassin que lui fit la nature,
Il dort, comme au berceau, dans un lit sans murmure,
Toutes les fleurs des champs parfument son sentier,
Et l'azur d'un beau ciel y descend tout entier;
Mais à peine échappés des bras de ses collines,
Ses flots s'épanchent-ils sur les plaines voisines,
Que du limon des eaux dont il enfle son lit,
Son onde, en grossissant, se corrompt et pâlit;
L'ombre qui les couvrait s'écarte de ses rives,
Le rocher nu contient ses vagues fugitives,
Il dédaigne de suivre, en se creusant son cours,
Des vallons paternels les gracieux détours;
Mais fier de s'engouffrer sous des arches profondes,
Il y reçoit un nom bruyant comme ses ondes;
Il emporte en fuyant à bonds précipités
Les barques, les rumeurs, les fanges des cités;
Chaque ruisseau qui l'enfle est un flot qui l'altère,
Jusqu'au terme où, grossi de tant d'onde adultère,
Il va, grand, mais troublé, déposant un vain nom,
Rouler au sein des mers sa gloire et son limon!
Heureuse au fond des bois la source pauvre et pure,
Heureux le sort caché dans une vie obscure!

Nous parlions autrement à l'âge où l'avenir
Dans nos seins palpitans ne pouvait contenir,
Et débordait pour nous de la coupe de vie,
Comme un jus écumant d'une urne trop remplie.

A cet âge enivré la gloire est à nos yeux
Ce qu'à l'œil des enfans qui regardent les cieux
Est l'astre de la nuit dont l'orbe, près d'éclore,
Au sommet qu'il franchit semble toucher encore;
L'un d'eux, quittant ses jeux pour la douce splendeur,
Croit que pour s'emparer du disque tentateur
Et pour se revêtir de la lueur divine
Il n'a qu'à faire un pas sur la sombre colline;
Il s'avance l'œil fixe et les bras entr'ouverts,
Et le globe de feu suspendu dans les airs,
Comme pour prolonger sa crédule espérance,
A hauteur de la main un moment se balance;
Il monte; mais déjà dans l'azur étoilé,
Quand il touche au sommet, l'astre s'est envolé,
Et fuyant dans le ciel de nuage en nuage,
Est aussi loin déjà des monts que de la plage.
Confus de son erreur, il revient sur ses pas!
Et les fils du hameau qui sont restés en bas,
Occupés à choisir des fleurs au sein des plaines
Ou des cailloux polis dans le lit des fontaines,
Sans songer à cet astre objet de ses regrets,
Au fond de la vallée en étaient aussi près!...

Mais quand ce feu céleste éblouirait ton âme,
Quand tu le poursuivrais sur un désir de flamme,
Dans ces vieux jours du monde avares de vertu,
Cette gloire rêvée, où la trouverais-tu?
Crois-tu que ce reflet de la splendeur suprême,
Cette immortalité qui sort de la mort même,
Soit ce mot profané qui passe tour à tour

Du grand homme d'hier au grand homme du jour?
Monnaie au coin banal qu'un jour frappe, un jour use,
Que la vanité paie à l'orgueil qu'elle abuse?
Crois-tu que chaque siècle en ait reçu d'en haut
Toujours la même soif avec le même lot?
Et qu'enfin l'avenir, acceptant l'héritage,
Ratifie à jamais ce risible partage
Que les sots, éblouis des splendeurs de leur temps,
En font de siècle en siècle entre tous leurs enfans?

Non! tu ris avec moi de l'erreur où nous sommes;
Tu sais de quel linceul le temps couvre les hommes;
Tu sais que tôt ou tard, dans l'ombre de l'oubli,
Siècles, peuples, héros, tout dort enseveli;
Qu'à cette épaisse nuit qui descend d'âge en âge
A peine un nom par siècle obscurément surnage,
Que le reste, éclairé d'un moins haut souvenir,
Disparaît par étage à l'œil de l'avenir;
Comme, en quittant la rive, un navire à la voile,
A l'heure où de la nuit sort la première étoile,
Voit à ses yeux déçus disparaître d'abord
L'écume du rivage et le sable du port,
Puis les tours de la ville où l'airain se balance,
Puis les phares éteints qu'abaisse la distance,
Puis les premiers coteaux sur la plaine ondoyans,
Puis les monts escarpés sous l'horizon fuyans;
Bientôt il ne voit plus au loin qu'une ou deux cimes
Dont l'éternel hiver blanchit les pics sublimes,
Refléter au-dessus de cette obscurité
Du jour qui va les fuir la dernière clarté,

Jusqu'à ce qu'abaissés de leur niveau céleste,
Ces sommets décroissans plongent comme le reste,
Et qu'étendue enfin sur la terre et les mers,
L'universelle nuit pèse sur l'univers.
De la gloire et du temps voilà l'image sombre ;
Éloigne-toi d'un siècle, et tout rentre dans l'ombre ;
Laisse pour fuir l'oubli tant d'insensés courir ;
Que sert un jour de plus à ce qui doit mourir ?

Tu voudrais cependant que sur un cénotaphe
La gloire t'inscrivît ta ligne d'épitaphe,
Et promît à ton nom, de temps en temps cité,
Ses heures de mémoire et d'immortalité,
Jusqu'à ce qu'un passant, brisant ton humble pierre,
Dispersât sous ses pieds ta gloire et ta poussière,
Et qu'un jour, en sifflant, le berger du vallon
Ne sût plus rassembler les lettres de ton nom :
Ah ! qu'à ces vains regrets ton âme soit fermée !
Le funèbre baiser dont une bouche aimée
Scelle au dernier adieu les lèvres du mourant,
Notre nom qu'un ami rappelle en soupirant,
Les larmes sans témoin dont un œil nous arrose,
Voilà notre épitaphe et notre apothéose !
A nous à qui le sort en naissant n'a promis
D'autre immortalité qu'aux cœurs de nos amis,
Que le sort nous la donne à notre heure suprême !
Le souvenir n'est doux que dans un cœur qui t'aime !
Si de ton nom pourtant tu veux l'entretenir,
Grave ces simples mots sur ton urne à venir :

« Là dort d'un doux sommeil, quoique sans mausolée,
Dans le sein de sa mère un fils de la vallée.
Que t'importe, ô passant! s'il fut célèbre ou non?
En changeant de patrie il a changé de nom!
Tout près de son berceau sa tombe fut placée;
Peu d'espace borna sa vie et sa pensée;
Content de son bonheur, il sut le renfermer
Autour des seuls objets qu'il eût besoin d'aimer,
Une mère, une femme, un ami, la nature;
Et de ses vœux, en tout, son cœur fut la mesure.
Ses pas ni ses désirs n'ont jamais dépassé
Cet horizon étroit par ton œil embrassé,
Et pour lui l'univers s'étendait de la pente
Où sous ces peupliers son beau fleuve serpente,
Jusqu'à ces monts voisins d'où l'ombre qui descend
De l'haleine des bois rafraîchit le passant!
Il ne goûta jamais l'ivresse de la gloire,
Ce faux pressentiment d'une vaine mémoire;
Jamais dans la tempête il n'éleva la voix,
Ou ne jeta son sort dans l'urne de nos lois;
Jamais il ne força le lion populaire
A frémir à ses pieds d'amour ou de colère;
Jamais de la victoire il ne vit les enfans
Incliner sur son front leurs drapeaux triomphans.
Il ne promena point sa vague inquiétude
De rivage en rivage et d'étude en étude;
Il ne vit point son or, marchandant ses plaisirs,
Tarir entre ses mains plus tard que ses désirs;
Il n'alla point chercher dans Rome ou dans la Grèce
Les mystères voilés de l'antique sagesse,

Ni du bleu firmament, pour enchanter ses yeux,
Voir des astres nouveaux levés sous d'autres cieux ;
Mais il eut, sans goûter une science amère,
La loi de ses aïeux et le Dieu de sa mère ;
Reçut, sans la peser à nos poids inconstans,
Dans un cœur simple et pur la sagesse des temps,
Comme des mains d'un père on prend son héritage
Avec l'eau qui l'arrose et l'arbre qui l'ombrage.
Il semait de ses mains le champ de ses aïeux,
Il ne se lassait pas du spectacle des cieux ;
Il voyait chaque jour sur la terre arrosée
L'aurore se dissoudre en perles de rosée,
Les bois se revêtir de leurs manteaux flottans
La sève remonter aux bourgeons du printemps,
Les fleurs où le Très-Haut rassembla ses merveilles,
Livrer l'ambre liquide aux rayons des abeilles,
L'astre du jour mourant dans un couchant vermeil
De ses derniers regards inspirer le sommeil,
Ou les feux dispersés dans des nuits embaumées,
Calculant sans compas leurs courbes enflammées,
Sous la voûte sans clef flottant de toutes parts,
Élever sa pensée autant que ses regards.
De l'amour dans son cœur fixé par l'innocence,
Même après sa jeunesse on sentait la présence,
Comme on respire encor dans un vase exhalé
L'odeur d'un doux parfum après qu'il a brûlé ;
Comme, en quittant la terre, un soleil qui s'ombrage
Laisse encor sa chaleur et sa pourpre au nuage ;
Les doux ressouvenirs, ces échos du bonheur,
Jusqu'à ses derniers jours réchauffèrent son cœur ;

Quand de ces jours nombreux la coupe fut remplie,
Il accueillit la mort en bénissant la vie.
Vous, dont le nom sublime a volé sous les cieux,
Heureux, sages ou grands, qu'avez-vous eu de mieux ?
Dieu ne mesure pas nos sorts à l'étendue ;
La goutte de rosée à l'herbe suspendue
Y réfléchit un ciel aussi vaste, aussi pur,
Que l'immense océan dans ses plaines d'azur ! »

XIII.

DÉSIR.

Ah! si j'avais des paroles,
Des images, des symboles,
Pour peindre ce que je sens!
Si ma langue embarrassée
Pour révéler ma pensée,
Pouvait créer des accens!

Loi sainte et mystérieuse!
Une âme mélodieuse
Anime tout l'univers;
Chaque être a son harmonie,
Chaque étoile son génie,
Chaque élément ses concerts.

Ils n'ont qu'une voix, mais pure,
Forte comme la nature,
Sublime comme son Dieu;
Et quoique toujours la même,
Seigneur! cette voix suprême
Se fait entendre en tout lieu.

Quand les vents sifflent sur l'onde,
Quand la mer gémit ou gronde,

Quand la foudre retentit,
Tout ignorans que nous sommes,
Qui de nous, enfans des hommes,
Demande ce qu'ils ont dit?

L'un a dit : Magnificence!
L'autre : Immensité! Puissance!
L'autre : Terreur et Courroux!
L'un a fui devant sa face,
L'autre a dit : Son ombre passe :
Cieux et terre, taisez-vous!

Mais l'homme, ta créature,
Lui qui comprend la nature,
Pour parler n'a que des mots,
Des mots sans vie et sans aile,
De sa pensée immortelle
Trop périssables échos!

Son âme est comme l'orage
Qui gronde dans le nuage
Et qui ne peut éclater,
Comme la vague captive
Qui bat et blanchit sa rive
Et ne peut la surmonter.

Elle s'use et se consume,
Comme un aiglon dont la plume
N'aurait pas encor grandi,
Dont l'œil aspire à sa sphère,

Et qui rampe sur la terre
Comme un reptile engourdi.

Ah! ce qu'aux anges j'envie
N'est pas l'éternelle vie,
Ni leur glorieux destin,
C'est la lyre! c'est l'organe
Par qui même un cœur profane
Peut chanter l'hymne sans fin.

Quelque chose en moi soupire,
Aussi doux que le zéphyre
Que la nuit laisse exhaler,
Aussi sublime que l'onde,
Ou que la foudre qui gronde;
Et mon cœur ne peut parler!

Océan, qui sur tes rives
Épands tes vagues plaintives,
Rameaux murmurans des bois,
Foudre dont la nue est pleine,
Ruisseaux à la molle haleine,
Ah! si j'avais votre voix!

Si seulement, ô mon âme!
Ce Dieu dont l'amour t'enflamme,
Comme le feu, l'aquilon,
Au zèle ardent qui t'embrase
Accordait, dans une extase,
Un mot pour dire son nom!

Son nom, tel que la nature
Sans paroles le murmure,
Tel que le savent les cieux ;
Ce nom que l'aurore voile,
Et dont l'étoile à l'étoile
Est l'écho mélodieux.

Les ouragans, le tonnerre,
Les mers, les feux et la terre,
Se tairaient pour l'écouter ;
Les airs ravis de l'entendre
S'arrêteraient pour l'apprendre,
Les cieux pour le répéter.

Ce nom seul, redit sans cesse,
Soulèverait ma tristesse
Dans ce vallon de douleurs,
Et je dirais sans me plaindre :
Mon dernier jour peut s'éteindre,
J'ai dit sa gloire, et je meurs !

HARMONIES
POÉTIQUES ET RELIGIEUSES.

LIVRE TROISIÈME.

I.

ENCORE UN HYMNE.

Encore un hymne, ô ma lyre !
Un hymne pour le Seigneur,
Un hymne dans mon délire,
Un hymne dans mon bonheur !

Oh ! qui me prêtera le regard de l'aurore,
Les ailes de l'oiseau, le vol de l'aquilon ?
Pourquoi ?—Pour te trouver, toi que mon âme adore,
Toi qui n'as ni séjour, ni symbole, ni nom !

Qu'ils sont heureux les sons qui partent de ma lyre !
D'un vol mélodieux ils s'élèvent vers toi ;
Ils remontent d'eux-même au Dieu qui les inspire !

Et moi, Seigneur, et moi,
Je reste où je languis, je reste où je soupire !

Encore un hymne, ô ma lyre !
Un hymne pour le Seigneur,
Un hymne dans mon délire,
Un hymne dans mon bonheur !

Esprits qui balancez les astres sur nos têtes,
Vous qui vivez de feu comme nous vivons d'air,
Anges qui respirez le tonnerre et l'éclair,
Soleil, foudres, rayons, cieux étoilés, tempêtes !
Parlez, est-il où vous êtes ?
Dans tes abîmes, ô mer ?

J'étais né pour briller où vous brillez vous-même,
Pour respirer là-haut ce que vous respirez,
Pour m'enivrer du jour dont vous vous enivrez,
Pour voir et réfléchir cette beauté suprême
Dont les yeux ici-bas sont en vain altérés !
Mon âme a l'œil de l'aigle, et mes fortes pensées,
Au but de leurs désirs volant comme des traits,
Chaque fois que mon sein respire, plus pressées
Que les colombes des forêts,
Montent, montent toujours par d'autres remplacées,
Et ne redescendent jamais !

Les reverrai-je un jour ? mon Dieu ! reviendront-elles,
Ainsi que le ramier qui traversa les flots,
M'apporter un rameau des palmes immortelles

Et me dire : Là-haut est un nid pour nos ailes
    Une terre, un lieu de repos?

        Encore un hymne, ô ma lyre!
        Un hymne pour le Seigneur,
        Un hymne dans mon délire,
        Un hymne dans mon bonheur!

Mon âme est un torrent qui descend des montagnes
Et qui roule sans fin ses vagues sans repos
A travers les vallons, les plaines, les campagnes,
    Où leur pente entraîne ses flots;
Il fuit quand le jour meurt, il fuit quand naît l'aurore;
La nuit revient, il fuit; le jour, il fuit encore;
Rien ne peut ni tarir ni suspendre son cours,
Jusqu'à ce qu'à la mer, où ses ondes sont nées,
Il rende en murmurant ses vagues déchaînées,
Et se repose enfin en elle, et pour toujours!

        Mon âme est un vent de l'aurore
        Qui s'élève avec le matin,
        Qui brûle, renverse, dévore
        Tout ce qu'il trouve en son chemin;
        Rien n'entrave son vol rapide,
Il fait trembler la tour comme la feuille aride
Et le mât du vaisseau comme un roseau pliant;
Il roule en plis de feu le tonnerre et la nue
Et, quand il a passé, laisse la terre nue,
        Comme la main du mendiant;
Jusqu'à ce qu'épuisé de sa fuite éternelle,
Et comme un doux ramier de sa course lassé,

Il vienne fermer son aile
Dans la main qui l'a lancé.

Toi qui donnes sa pente au torrent des collines,
Toi qui prêtes son aile au vent pour s'exhaler,
Où donc es-tu, Seigneur? Parle, où faut-il aller?
N'est-il pas des ailes divines,
Pour que mon âme aussi puisse enfin s'envoler?

Encore un hymne, ô ma lyre!
Un hymne pour le Seigneur,
Un hymne dans mon délire,
Un hymne dans mon bonheur!

Je voudrais être la poussière
Que le vent dérobe au sillon,
La feuille que l'automne enlève en tourbillon,
L'atome flottant de lumière
Qui remonte le soir aux bords de l'horizon ;
Le son lointain qui s'évapore,
L'éclair, le regard, le rayon,
L'étoile qui se perd dans ce ciel diaphane,
Ou l'aigle qui va le braver,
Tout ce qui monte, enfin, ou vole, ou flotte, ou plane,
Pour me perdre, Seigneur! me perdre ou te trouver!

Encore un hymne, ô ma lyre!
Encore un hymne au Seigneur,
Un hymne dans mon délire,
Un hymne dans mon bonheur!

II.

MILLY,

ou

LA TERRE NATALE.

Pourquoi le prononcer ce nom de la patrie?
Dans son brillant exil mon cœur en a frémi;
Il résonne de loin dans mon âme attendrie,
Comme les pas connus ou la voix d'un ami.

Montagnes que voilait le brouillard de l'automne,
Vallons que tapissait le givre du matin,
Saules dont l'émondeur effeuillait la couronne,
Vieilles tours que le soir dorait dans le lointain,

Murs noircis par les ans, coteaux, sentier rapide,
Fontaine où les pasteurs accroupis tour à tour
Attendaient goutte à goutte une eau rare et limpide,
Et, leur urne à la main, s'entretenaient du jour;

Chaumière où du foyer étincelait la flamme,
Toits que le pèlerin aimait à voir fumer,
Objets inanimés: avez-vous donc une âme
Qui s'attache à notre âme et la force d'aimer?

J'ai vu des cieux d'azur, où la nuit est sans voiles,
Dorés jusqu'au matin sous les pieds des étoiles,
Arrondir sur mon front, dans leur arc infini,
Leur dôme de cristal qu'aucun vent n'a terni !
J'ai vu des monts voilés de citrons et d'olives
Réfléchir dans les eaux leurs ombres fugitives,
Et dans leurs frais vallons, au souffle du zéphyr,
Bercer sur l'épi mûr le cep prêt à mûrir ;
Sur des bords où les mers ont à peine un murmure,
J'ai vu des flots brillans l'onduleuse ceinture
Presser et relâcher dans l'azur de ses plis
De leurs ceps dentelés les contours assouplis,
S'étendre dans le golfe en nappes de lumière,
Blanchir l'écueil fumant de gerbes de poussière,
Porter dans le lointain d'un occident vermeil
Des îles qui semblaient le lit d'or du soleil,
Ou s'ouvrant devant moi sans rideau, sans limite,
Me montrer l'infini que le mystère habite !
J'ai vu ces fiers sommets, pyramides des airs,
Où l'été repliait le manteau des hivers,
Jusqu'au sein des vallons descendant par étages,
Entrecouper leurs flancs de hameaux et d'ombrages,
De pics et de rochers ici se hérisser,
En pentes de gazon plus loin fuir et glisser,
Lancer en arcs fumans, avec un bruit de foudre,
Leurs torrens en écume et leurs fleuves en poudre,
Sur leurs flancs éclairés, obscurcis tour à tour,
Former des vagues d'ombre et des îles de jour,
Creuser de frais vallons que la pensée adore,
Remonter, redescendre et remonter encore,

Puis des derniers degrés de leurs vastes remparts,
A travers les sapins et les chênes épars,
Dans le miroir des lacs qui dorment sous leur ombre
Jeter leurs reflets verts ou leur image sombre,
Et sur le tiède azur de ces limpides eaux
Faire onduler leur neige et flotter leurs coteaux !
J'ai visité ces bords et ce divin asile
Qu'a choisis pour dormir l'ombre du doux Virgile,
Ces champs que la Sibylle à ses yeux déroula,
Et Cume, et l'Élysée ; et mon cœur n'est pas là !...

Mais il est sur la terre une montagne aride
Qui ne porte en ses flancs ni bois ni flot limpide,
Dont par l'effort des ans l'humble sommet miné,
Et sous son propre poids jour par jour incliné,
Dépouillé de son sol fuyant dans les ravines,
Garde à peine un buis sec qui montre ses racines,
Et se couvre partout de rocs prêts à crouler
Que sous son pied léger le chevreau fait rouler.
Ces débris, par leur chute, ont formé d'âge en âge
Un coteau qui décroît et, d'étage en étage,
Porte, à l'abri des murs dont ils sont étayés,
Quelques avares champs de nos sueurs payés,
Quelques ceps dont les bras, cherchant en vain l'érable,
Serpentent sur la terre ou rampent sur le sable,
Quelques buissons de ronce, où l'enfant des hameaux,
Cueille un fruit oublié qu'il dispute aux oiseaux ;
Où la maigre brebis des chaumières voisines
Broute en laissant sa laine en tribut aux épines ;
Lieux que ni le doux bruit des eaux pendant l'été,

Ni le frémissement du feuillage agité,
Ni l'hymne aérien du rossignol qui veille,
Ne rappellent au cœur, n'enchantent pour l'oreille ;
Mais que, sous les rayons d'un ciel toujours d'airain,
La cigale assourdit de son cri souterrain.
Il est dans ces déserts un toit rustique et sombre
Que la montagne seule abrite de son ombre,
Et dont les murs, battus par la pluie et les vents,
Portent leur âge écrit sur la mousse des ans.
Sur le seuil désuni de trois marches de pierre
Le hasard a planté les racines d'un lierre
Qui, redoublant cent fois ses nœuds entrelacés,
Cache l'affront du temps sous ses bras élancés,
Et, recourbant en arc sa volute rustique,
Fait le seul ornement du champêtre portique.
Un jardin qui descend au revers d'un coteau,
Y présente au couchant son sable altéré d'eau ;
La pierre sans ciment, que l'hiver a noircie,
En borne tristement l'enceinte rétrécie ;
La terre, que la bêche ouvre à chaque saison,
Y montre à nu son sein sans ombre et sans gazon ;
Ni tapis émaillés, ni cintres de verdure,
Ni ruisseau sous des bois, ni fraîcheur, ni murmure ;
Seulement sept tilleuls par le soc oubliés,
Protégeant un peu d'herbe étendue à leurs piés,
Y versent dans l'automne une ombre tiède et rare,
D'autant plus douce au front sous un ciel plus avare ;
Arbres dont le sommeil et des songes si beaux
Dans mon heureuse enfance habitaient les rameaux !
Dans le champêtre enclos qui soupire après l'onde,

Un puits dans le rocher cache son eau profonde,
Où le vieillard qui puise, après de longs efforts
Dépose en gémissant son urne sur les bords ;
Une aire où le fléau sur l'argile étendue
Bat à coups cadencés la gerbe répandue,
Où la blanche colombe et l'humble passereau
Se disputent l'épi qu'oublia le râteau ;
Et sur la terre épars des instrumens rustiques,
Des jougs rompus, des chars dormant sous les portiques,
Des essieux dont l'ornière a brisé les rayons,
Et des socs émoussés qu'ont usés les sillons.

Rien n'y console l'œil de sa prison stérile,
Ni les dômes dorés d'une superbe ville,
Ni le chemin poudreux, ni le fleuve lointain,
Ni les toits blanchissans aux clartés du matin ;
Seulement, répandus de distance en distance,
De sauvages abris qu'habite l'indigence,
Le long d'étroits sentiers en désordre semés,
Montrent leur toit de chaume et leurs murs enfumés,
Où le vieillard, assis au bord de sa demeure,
Dans son berceau de jonc endort l'enfant qui pleure ;
Enfin un sol sans ombre et des cieux sans couleur,
Et des vallons sans onde !—Et c'est là qu'est mon cœur !
Ce sont là les séjours, les sites, les rivages
Dont mon âme attendrie évoque les images,
Et dont pendant les nuits mes songes les plus beaux
Pour enchanter mes yeux composent leurs tableaux !

Là chaque heure du jour, chaque aspect des montagnes,

Chaque son qui le soir s'élève des campagnes,
Chaque mois qui revient, comme un pas des saisons,
Reverdir ou faner les bois ou les gazons,
La lune qui décroît et s'arrondit dans l'ombre,
L'étoile qui gravit sur la colline sombre,
Les troupeaux des hauts lieux chassés par les frimas,
Des coteaux aux vallons descendant pas à pas,
Le vent, l'épine en fleurs, l'herbe verte ou flétrie,
Le soc dans le sillon, l'onde dans la prairie,
Tout m'y parle une langue aux intimes accens,
Dont les mots entendus dans l'âme et dans les sens,
Sont des bruits, des parfums, des foudres, des orages,
Des rochers, des torrens, et ces douces images,
Et ces vieux souvenirs dormant au fond de nous,
Qu'un site nous conserve et qu'il nous rend plus doux.
Là mon cœur en tout lieu se retrouve lui-même !
Tout s'y souvient de moi, tout m'y connaît, tout m'aime !
Mon œil trouve un ami dans tout cet horizon,
Chaque arbre a son histoire et chaque pierre un nom.
Qu'importe que ce nom, comme Thèbe ou Palmyre,
Ne nous rappelle pas les fastes d'un empire,
Le sang humain versé pour le choix des tyrans,
Ou ces fléaux de Dieu que l'homme appelle grands ?
Ce site où la pensée a rattaché sa trame,
Ces lieux encor tout pleins des fastes de notre âme,
Sont aussi grands pour nous que ces champs du destin
Où naquit, où tomba quelque empire incertain :
Rien n'est vil ! rien n'est grand ! l'âme en est la mesure,
Un cœur palpite au nom de quelque humble masure,
Et sous les monumens des héros et des dieux

Le pasteur passe et siffle en détournant les yeux!

Voilà le banc rustique où s'asseyait mon père,
La salle où résonnait sa voix mâle et sévère,
Quand les pasteurs assis sur leurs socs renversés
Lui comptaient les sillons par chaque heure tracés,
Ou qu'encor palpitant des scènes de sa gloire,
De l'échafaud des rois il nous disait l'histoire,
Et, plein du grand combat qu'il avait combattu,
En racontant sa vie enseignait la vertu !
Voilà la place vide où ma mère à toute heure
Au plus léger soupir sortait de sa demeure,
Et, nous faisant porter ou la laine ou le pain,
Vêtissait l'indigence ou nourrissait la faim ;
Voilà les toits de chaume où sa main attentive
Versait sur la blessure ou le miel ou l'olive,
Ouvrait près du chevet des vieillards expirans
Ce livre où l'espérance est permise aux mourans,
Recueillait leurs soupirs sur leur bouche oppressée,
Faisait tourner vers Dieu leur dernière pensée,
Et tenant par la main les plus jeunes de nous,
A la veuve, à l'enfant, qui tombaient à genoux,
Disait, en essuyant les pleurs de leurs paupières :
Je vous donne un peu d'or, rendez-leur vos prières !
Voilà le seuil, à l'ombre, où son pied nous berçait,
La branche du figuier que sa main abaissait,
Voici l'étroit sentier où, quand l'airain sonore,
Dans le temple lointain vibrait avec l'aurore,
Nous montions sur sa trace à l'autel du Seigneur
Offrir deux purs encens, innocence et bonheur !

C'est ici que sa voix pieuse et solennelle
Nous expliquait un Dieu que nous sentions en elle,
Et nous montrant l'épi dans son germe enfermé,
La grappe distillant son breuvage embaumé,
La génisse en lait pur changeant le suc des plantes,
Le rocher qui s'entr'ouvre aux sources ruisselantes,
La laine des brebis dérobée aux rameaux
Servant à tapisser les doux nids des oiseaux,
Et le soleil exact à ses douze demeures,
Partageant aux climats les saisons et les heures,
Et ces astres des nuits que Dieu seul peut compter,
Mondes où la pensée ose à peine monter,
Nous enseignait la foi par la reconnaissance,
Et faisait admirer à notre simple enfance
Comment l'astre et l'insecte invisible à nos yeux
Avaient, ainsi que nous, leur père dans les cieux!
Ces bruyères, ces champs, ces vignes, ces prairies,
Ont tous leurs souvenirs et leurs ombres chéries.
Là, mes sœurs folâtraient, et le vent dans leurs jeux
Les suivait en jouant avec leurs blonds cheveux!
Là, guidant les bergers aux sommets des collines,
J'allumais des bûchers de bois mort et d'épines.
Et mes yeux, suspendus aux flammes du foyer,
Passaient heure après heure à les voir ondoyer.
Là, contre la fureur de l'aquilon rapide
Le saule caverneux nous prêtait son tronc vide,
Et j'écoutais siffler dans son feuillage mort
Des brises dont mon âme a retenu l'accord.
Voilà le peuplier qui, penché sur l'abîme,
Dans la saison des nids nous berçait sur sa cime,

Le ruisseau dans les prés dont les dormantes eaux
Submergeaient lentement nos barques de roseaux,
Le chêne, le rocher, le moulin monotone,
Et le mur au soleil où, dans les jours d'automne,
Je venais sur la pierre, assis près des vieillards,
Suivre le jour qui meurt de mes derniers regards!
Tout est encor debout; tout renaît à sa place;
De nos pas sur le sable on suit encor la trace;
Rien ne manque à ces lieux qu'un cœur pour en jouir,
Mais, hélas! l'heure baisse et va s'évanouir!

La vie a dispersé, comme l'épi sur l'aire,
Loin du champ paternel les enfans et la mère,
Et ce foyer chéri ressemble aux nids déserts
D'où l'hirondelle a fui pendant de longs hivers!
Déjà l'herbe qui croît sur les dalles antiques
Efface autour des murs les sentiers domestiques,
Et le lierre, flottant comme un manteau de deuil,
Couvre à demi la porte et rampe sur le seuil;
Bientôt peut-être...— Écarte, ô mon Dieu, ce présage!
Bientôt un étranger, inconnu du village,
Viendra, l'or à la main! s'emparer de ces lieux
Qu'habite encor pour nous l'ombre de nos aïeux,
Et d'où nos souvenirs des berceaux et des tombes
S'enfuiront à sa voix, comme un nid de colombes
Dont la hache a fauché l'arbre dans les forêts,
Et qui ne savent plus où se poser après!

Ne permets pas, Seigneur, ce deuil et cet outrage!
Ne souffre pas, mon Dieu, que notre humble héritage

Passe de mains en mains troqué comme un vil prix,
Comme le toit du vice ou le champ des proscrits !
Qu'un avide étranger vienne d'un pied superbe
Fouler l'humble sillon de nos berceaux sur l'herbe,
Dépouiller l'orphelin, grossir, compter son or
Aux lieux où l'indigence avait seule un trésor,
Et blasphémer ton nom sous ces mêmes portiques
Où ma mère à nos voix enseignait des cantiques !
Ah ! que plutôt cent fois, aux vents abandonné,
Le toit pende en lambeaux sur le mur incliné ;
Que les fleurs du tombeau, les mauves, les épines,
Sur les parvis brisés germent dans les ruines !
Que le lézard dormant s'y réchauffe au soleil,
Que Philomèle y chante aux heures du sommeil,
Que l'humble passereau, les colombes fidèles,
Y rassemblent en paix leurs petits sous leurs ailes,
Et que l'oiseau du ciel vienne bâtir son nid
Aux lieux où l'innocence eut autrefois son lit !

Ah ! si le nombre écrit sous l'œil des destinées
Jusqu'aux cheveux blanchis prolonge mes années,
Puissé-je, heureux vieillard, y voir baisser mes jours
Parmi ces monumens de mes simples amours !
Et quand ces toits bénis et ces tristes décombres
Ne seront plus pour moi peuplés que par des ombres,
Y retrouver au moins dans les noms, dans les lieux,
Tant d'êtres adorés disparus de mes yeux !
Et vous qui survivrez à ma cendre glacée,
Si vous voulez charmer ma dernière pensée,
Un jour, élevez-moi...! Non ! ne m'élevez rien !

Mais près des lieux où dort l'humble espoir du chrétien,
Creusez-moi dans ces champs la couche que j'envie
Et ce dernier sillon où germe une autre vie !
Étendez sur ma tête un lit d'herbes des champs
Que l'agneau du hameau broute encore au printemps,
Où l'oiseau dont mes sœurs ont peuplé ces asiles
Vienne aimer et chanter durant mes nuits tranquilles;
Là, pour marquer la place où vous m'allez coucher,
Roulez de la montagne un fragment de rocher;
Que nul ciseau surtout ne le taille et n'efface
La mousse des vieux jours qui brunit sa surface,
Et d'hiver en hiver incrustée à ses flancs,
Donne en lettre vivante une date à ses ans !
Point de siècle ou de nom sur cette agreste page !
Devant l'éternité tout siècle est du même âge,
Et celui dont la voix réveille le trépas
Au défaut d'un vain nom ne nous oubliera pas !
Là, sous des cieux connus, sous tes collines sombres,
Qui couvrirent jadis mon berceau de leurs ombres,
Plus près du sol natal, de l'air et du soleil,
D'un sommeil plus léger j'attendrai le réveil !
Là ma cendre mêlée à la terre qui m'aime,
Retrouvera la vie avant mon esprit même,
Verdira dans les prés, fleurira dans les fleurs,
Boira des nuits d'été les parfums et les pleurs;
Et quand du jour sans soir la première étincelle
Viendra m'y réveiller pour l'aurore éternelle,
En ouvrant mes regards je reverrai des lieux
Adorés de mon cœur et connus de mes yeux,
Les pierres du hameau, le clocher, la montagne,

Le lit sec du torrent et l'aride campagne ;
Et rassemblant de l'œil tous les êtres chéris
Dont l'ombre près de moi dormait sous ces débris,
Avec des sœurs, un père et l'âme d'une mère,
Ne laissant plus de cendre en dépôt à la terre,
Comme le passager qui des vagues descend,
Jette encore au navire un œil reconnaissant,
Nos voix diront ensemble à ces lieux pleins de charmes
L'adieu, le seul adieu qui n'aura point de larmes !

III.

LE CRI DE L'AME.

Quand le souffle divin qui flotte sur le monde
S'arrête sur mon âme ouverte au moindre vent,
Et la fait tout à coup frissonner comme une onde
Où le cygne s'abat dans un cercle mouvant;

Quand mon regard se plonge au rayonnant abîme
Où luisent ces trésors du riche firmament,
Ces perles de la nuit que son souffle ranime,
Des sentiers du Seigneur innombrable ornement;

Quand d'un ciel de printemps l'aurore qui ruisselle,
Se brise et rejaillit en gerbes de chaleur,
Que chaque atome d'air roule son étincelle,
Et que tout sous mes pas devient lumière ou fleur;

Quand tout chante ou gazouille, ou roucoule ou bourdonne,
Que d'immortalité tout semble se nourrir,
Et que l'homme ébloui de cet air qui rayonne,
Croit qu'un jour si vivant ne pourra plus mourir;

Que je roule en mon sein mille pensers sublimes,
Et que mon faible esprit ne pouvant les porter
S'arrête en frissonnant sur les derniers abîmes,
Et, faute d'un appui, va s'y précipiter;

Quand, dans le ciel d'amour où mon âme est ravie,
Je presse sur mon cœur un fantôme adoré,
Et que je cherche en vain des paroles de vie
Pour l'embraser du feu dont je suis dévoré;

Quand je sens qu'un soupir de mon âme oppressée
Pourrait créer un monde en son brûlant essor,
Que ma vie userait le temps, que ma pensée
En remplissant le ciel déborderait encor :

Jéhova! Jéhova! ton nom seul me soulage!
Il est le seul écho qui réponde à mon cœur!
Ou plutôt ces élans, ces transports sans langage,
Sont eux-même un écho de ta propre grandeur!

Tu ne dors pas souvent dans mon sein, nom sublime!
Tu ne dors pas souvent sur mes lèvres de feu :
Mais chaque impression t'y trouve et t'y ranime,
Et le cri de mon âme est toujours toi, mon Dieu!

IV.

LE RETOUR.

AU COMTE XAVIER DE MAISTRE,

AUTEUR DU LÉPREUX.

Salut au nom des cieux, des monts et des rivages
    Où s'écoulèrent tes beaux jours,
Voyageur fatigué qui reviens sur nos plages
Demander à tes champs leurs antiques ombrages,
    A ton cœur ses premiers amours !

Que de jours ont passé sur ces chères empreintes !
Que d'adieux éternels ! que de rêves déçus !
Que de liens brisés ! que d'amitiés éteintes !
Que d'échos assoupis qui ne répondent plus !
Moins de flots ont roulé sur les sables de Laisse*,
Moins de rides d'azur ont sillonné son sein,
Et des arbres vieillis qui couvraient ta jeunesse,
Moins de feuilles d'automne ont jonché le chemin !

* Nom d'un torrent de Savoie.

Ah! de nos jours mortels trop rapide est la course,
On regrette la vie avant d'avoir vécu !
Et le flot, qui jamais ne remonte à sa source,
Ne revoit pas deux fois le doux bord qu'il a vu !

    Ah ! si du moins dans nos années
    Les jours perdus ne comptaient pas !
    Si les jalouses destinées
    Les oubliaient sous leur compas !
    Mais, hélas ! la mousse ou la lie
    Du calice étroit de la vie
    Comble également les contours !
    Quand il est tari, l'homme expire ;
    Les pleurs comptent pour le sourire,
    Les nuits d'exil pour de beaux jours !

    Je sais qu'après un long orage,
    Brisé d'efforts et de douleur,
    Tu fus recueilli sur la plage
    Par un peuple ami du malheur !
    Qu'une juste reconnaissance,
    Comme une seconde naissance,
    T'apprit à bénir d'autres lieux,
    Qu'au sein d'une épouse chérie,
    L'amour te fit une patrie
    Loin des tombeaux de tes aïeux !

Cependant il est doux de respirer encore
Cet air du ciel natal où l'on croit rajeunir,
Cet air qu'on respira dès sa première aurore,

Cet air tout embaumé d'antiques souvenirs!
Il est doux de le voir balancer le feuillage
Du chêne couronné qui prêta son ombrage
     A nos rêves au fond des bois,
Ou comme un vieil ami dont on connaît la voix,
De l'entendre siffler sur l'herbe des collines,
Et prolonger le soir, à travers les ruines,
     Les sourds murmures d'autrefois!

Il est doux de s'asseoir au foyer de ses pères,
A ce foyer jadis de vertus couronné,
Et de dire, en montrant le siége abandonné :
Ici chantait ma sœur, là méditaient mes frères;
Là ma mère allaitait son charmant nouveau-né;
Là le vieux serviteur nous contait l'aventure
Des deux jumeaux perdus dans la forêt obscure;
Là le fils de la veuve emportait notre pain;
Là, sur le seuil couvert de deux figuiers antiques,
A l'heure où les brebis rentraient aux toits rustiques,
Le chien du mendiant venait lécher ma main!

Notre âme, en remontant à ses premières heures,
Ranime tour à tour ces fantômes chéris,
Et s'attache aux débris de ces chères demeures,
     S'il en reste au moins un débris!

Ainsi quand nous cherchons en vain dans nos pensées
D'un air qui nous charmait les traces effacées,
     Si quelque souffle harmonieux
Effleurant au hasard la harpe détendue,

En tire seulement une note perdue,
  Des larmes roulent dans nos yeux !
D'un seul son retrouvé l'air entier se réveille,
Il rajeunit notre âme, et remplit notre oreille
  D'un souvenir mélodieux !

O sensible exilé ! tu les as retrouvées
Ces images de loin, toujours, toujours rêvées,
Et ces débris vivans de tes jours de bonheur :
Tes yeux ont contemplé tes montagnes si chères,
Et ton berceau champêtre, et le toit de tes pères ;
Et des flots de tristesse ont monté dans ton cœur !
Nous passons ! nous passons ! ce refrain monotone,
Hélas ! est toujours neuf et toujours répété ;
Tant l'homme, que toujours son inconstance étonne,
  Se sent fait pour l'éternité !

Nous passons ! et déjà dans la race nouvelle,
Ton œil sous les vieux noms voit des hommes nouveaux ;
Ton cœur qui l'interroge est étranger pour elle,
Et tu connaîtrais mieux le peuple des tombeaux.

De ses longs souvenirs retrouvant quelque trace,
A peine un vieil ami qui s'éveille à ton nom
Demande si c'est là ce conteur plein de grâce
Qui, sous son prisme heureux multipliant l'espace,
Entre les quatre murs de ton étroit donjon,
Voyageait si gaîment autour de sa prison ?
Non, non, c'est le lépreux étranger sur la terre,
Qui, le soir, du sommet de sa tour solitaire,

Contemple en soupirant les fêtes du hameau,
Et, dans ce peuple heureux ne comptant plus de frères,
Plus d'amante ou de sœur dans toutes ces bergères,
Met la main sur ses yeux et demande un tombeau !

Cependant, du génie aimable privilége,
Ton front se couvre en vain de sa première neige,
L'infortune et l'exil, et la mort et le temps
Ont en vain décimé tes amis de vingt ans ;
Séduits par tes écrits, enchaînés par ta grâce,
Des amis inconnus viennent briguer leur place,
Ils renaîtront pour toi jusqu'à tes derniers jours ;
Que dis-je ? Quand la mort, sous un vert mausolée,
Rendant un peu de terre à ton ombre exilée,
Couvrira de gazon le fils de la vallée,
Des amis ? ta mémoire en gardera toujours ;
Ils y viendront pleurer et cette grâce attique,
Et cet accent naïf, tendre, mélancolique,
Qui sans les demander fait ruisseler nos pleurs ;
De leurs jeunes vertus tu nourriras la flamme ;
Et se sentant meilleurs, ils diront : C'est son âme
Qui de ses doux écrits a passé dans nos cœurs !

Mais quelle est, diras-tu, cette voix inconnue
Qui sous mon propre toit m'accueille et me salue ?
Aux rives de mon lac cet ami m'est-il né ?
A-t-il respiré l'air de ma tiède vallée,
Ou foulé sous ses pas l'herbe que j'ai foulée
Au pied du Nivolay* d'étoiles couronné ?

* Montagne de Savoie.

De quel droit ose-t-il, étranger sur ces rives?...
... Étranger! J'en appelle à tes vagues plaintives,
Beau lac dont j'ai souvent recueilli les accords ;
Torrens aux flots glacés j'en appelle à vos bords,
A vous, vallons de paix! à vous, simples demeures
Où l'hospitalité me fit bénir les heures!
Où ton nom si souvent par les tiens répété
Me donna sur ton cœur un droit de parenté.

J'habitai plus que toi ces fortunés rivages,
J'adorai, j'aime encor ces monts coiffés d'orages,
Où la simplicité des âmes et des mœurs
Garde aux vieilles vertus l'asile de vos cœurs ;
Où la jeune amitié m'accueillit dès l'aurore,
Où l'amitié plus mûre est aussi tendre encore,
Où l'amour disparu dans l'ombre du trépas
Laissa partout pour moi l'empreinte de ses pas,
Et colore à mes yeux vos flots et vos collines
Ou d'un deuil éternel ou de splendeurs divines !
Où j'ai trouvé plus tard cet unique trésor
Plus rare que l'encens, plus précieux que l'or,
Charme, ornement, repos, colonne de la vie,
Enfin où d'une sœur dort la cendre chérie !
Où mes neveux un jour, de ta gloire héritiers,
Trouveront nos deux noms unis dans leurs quartiers.
Voilà, voilà mes droits, plus chers que les tiens même.
On est toujours, crois-moi, du pays que l'on aime ;
Mais si ton cœur jugeait ces titres mal acquis,
J'aimerais malgré toi la terre où tu naquis !...

V.

HYMNE AU CHRIST.

A M. MANZONI.

 Verbe incréé! source féconde
 De justice et de liberté!
 Parole qui guéris le monde!
 Rayon vivant de vérité!
Est-il vrai que ta voix d'âge en âge entendue,
Pareille au bruit lointain qui meurt dans l'étendue,
N'a plus pour nous guider que des sons impuissans?
 Et qu'une voix plus souveraine,
 La voix de la parole humaine,
 Étouffe à jamais tes accens?

Mais la raison c'est toi, mais cette raison même
Qu'était-elle avant l'heure où tu vins l'éclairer?
Nuage, obscurité, doute, combat, système,
Flambeau que notre orgueil portait pour s'égarer!

 Le monde n'était que ténèbres,
Les doctrines sans foi luttaient comme des flots,
Et trompé, détrompé de leurs clartés funèbres,
L'esprit humain flottait noyé dans ce chaos;

L'espérance ou la peur, au gré de leurs caprices,
Ravageaient tour à tour et repeuplaient les cieux,
La fourbe s'engraissait du sang des sacrifices,
Mille dieux attestaient l'ignorance des dieux !
    Fouillez les cendres de Palmyre,
    Fouillez les limons d'Osiris
    Et ces panthéons où respire
L'ombre fétide encor de tous ces dieux proscrits !
    Tirez de la fange ou de l'herbe,
Tirez ces dieux moulés, fondus, taillés, pétris,
Ces monstres mutilés, ces symboles flétris,
Et dites ce qu'était cette raison superbe
    Quand elle adorait ces débris !

Ne sachant plus nommer les exploits ou les crimes,
Les noms tombaient du sort comme au hasard jetés,
La gloire suffisait aux âmes magnanimes,
    Et les vertus les plus sublimes
    N'étaient que des vices dorés !

        Tu parais ! ton verbe vole,
        Comme autrefois la parole
        Qu'entendit le noir chaos
        De la nuit tira l'aurore,
        Des cieux sépara les flots
        Et du nombre fit éclore
        L'harmonie et le repos !
        Ta parole créatrice
        Sépare vertus et vice,
        Mensonges et vérité ;

Le maître apprend la justice,
L'esclave la liberté,
L'indigent le sacrifice,
Le riche la charité !
Un Dieu créateur et père,
En qui l'innocence espère,
S'abaisse jusqu'aux mortels !
Sa prière qu'il appelle
S'élève à lui libre et belle
Sans jamais souiller son aile
Des holocaustes cruels !
Nos iniquités, nos crimes,
Nos désirs illégitimes,
Voilà les seules victimes
Qu'on immole à ses autels !
L'immortalité se lève
Et brille au-delà des temps ;
L'espérance, divin rêve,
De l'exil que l'homme achève
Abrége les courts instans ;
L'amour céleste soulève
Nos fardeaux les plus pesans ;
Le siècle éternel commence,
Le juste a sa conscience,
Le remords son innocence ;
L'humble foi fait la science
Des sages et des enfans !
Et l'homme qu'elle console
Dans cette seule parole
Se repose deux mille ans !

Et l'esprit éclairé par tes lois immortelles,
Dans la sphère morale où tu guidas nos yeux,
Découvrit tout à coup plus de vertus nouvelles
Que, le jour où d'Herschell le verre audacieux
Porta l'œil étonné dans les célestes routes,
Le regard qui des nuits interroge les voûtes
Ne vit d'astres nouveaux pulluler dans les cieux !

―――――

Non jamais de ces feux qui roulent sur nos têtes,
Jamais de ce Sina qu'embrasaient les tempêtes,
Jamais de cet Horeb, trône de Jéhova,
  Aux yeux des siècles n'éclata
Un foyer de clarté plus vive et plus féconde
Que cette vérité qui jaillit sur le monde
  Des collines de Golgotha !

L'astre qu'à ton berceau le mage vit éclore,
L'étoile qui guida les bergers de l'aurore
Vers le Dieu couronné d'indigence et d'affront,
Répandit sur la terre un jour qui luit encore,
Que chaque âge à son tour reçoit, bénit, adore,
Qui dans la nuit des temps jamais ne s'évapore,
Et ne s'éteindra pas quand les cieux s'éteindront !

―――――

Ils disent cependant que cet astre se voile,
Que les clartés du siècle ont vaincu cette étoile ;

Que ce monde vieilli n'a plus besoin de toi!
Que la raison est seule immortelle et divine,
Que la rouille des temps a rongé ta doctrine,
Et que de jour en jour de ton temple en ruine
Quelque pierre en tombant déracine ta foi!

O Christ! il est trop vrai, ton éclipse est bien sombre!
La terre sur ton astre a projeté son ombre;
Nous marchons dans un siècle où tout tombe à grand bruit.
Vingt siècles écroulés y mêlent leur poussière.
Fables et vérités, ténèbres et lumière
Flottent confusément devant notre paupière,
Et l'un dit : C'est le jour! et l'autre : C'est la nuit!

Comme un rayon du ciel qui perce les nuages,
En traversant la fange et la nuit des vieux âges,
Ta parole a subi nos profanations!
L'œil impur des mortels souillerait le jour même!
L'imposture a terni la vérité suprême,
Et les tyrans, prenant ta foi pour diadème,
Ont doré de ton nom le joug des nations!

Mais, pareil à l'éclair qui, tombant sur la terre,
Remonte au firmament sans qu'une ombre l'altère,
L'homme n'a pu souiller ta loi de vérité!
L'ignorance a terni tes lumières sublimes,
La haine a confondu tes vertus et nos crimes,
Les flatteurs aux tyrans ont vendu tes maximes;
Elle est encor justice, amour et liberté!

Et l'aveugle raison demande quels miracles
De cette loi vieillie attestent les oracles !
Ah ! le miracle est là permanent et sans fin !
Que cette vérité par ces flots d'impostures,
Que ce flambeau brillant par tant d'ombres obscures,
Que ce verbe incréé par nos lèvres impures
Ait passé deux mille ans et soit encor divin !

Que d'ombres ! dites-vous.—Mais, ô flambeau des âges,
Tu n'avais pas promis des astres sans nuages !
L'œil humain n'est pas fait pour la pure clarté !
Point de jour ici-bas qu'un peu d'ombre n'altère ;
De sa propre splendeur Dieu se voile à la terre,
Et ce n'est qu'à travers la nuit et le mystère
Que l'œil peut voir le jour, l'homme la vérité !

Un siècle naît et parle, un cri d'espoir s'élève ;
Le genre humain déçu voit lutter rêve et rêve,
Système, opinions, dogmes, flux et reflux ;
Cent ans passent ; le temps, comme un nuage vide,
Les roule avec l'oubli sous son aile rapide ;
Quand il a balayé cette poussière aride,
Que reste-t-il du siècle ? un mensonge de plus !

Mais l'ère où tu naquis, toujours, toujours nouvelle,
Luit au-dessus de nous comme une ère éternelle ;
Une moitié des temps pâlit à ce flambeau,
L'autre moitié s'éclaire au jour de tes symboles ;
Deux mille ans, épuisant leurs sagesses frivoles,
N'ont pas pu démentir une de tes paroles,

Et toute vérité date de ton berceau!

———

Et c'est en vain que l'homme, ingrat et las de croire,
De ses autels brisés et de son souvenir
Comme un songe importun veut enfin te bannir;
Tu règnes malgré lui jusque dans sa mémoire,
Et du haut d'un passé rayonnant de la gloire,
Tu jettes ta splendeur au dernier avenir!
Lumière des esprits, tu pâlis, ils pâlissent!
Fondement des États, tu fléchis, ils fléchissent!
Sève du genre humain, il tarit si tu meurs!
Racine de nos lois dans le sol enfoncée,
Partout où tu languis on voit languir les mœurs,
Chaque fibre à ton nom s'émeut dans tous les cœurs,
Et tu revis partout, jusque dans la pensée,
  Jusque dans la haine insensée
  De tes ingrats blasphémateurs!

  Phare élevé sur des rivages
  Que le temps n'a pu foudroyer,
  Les lumières de tous les âges
  Se concentrent dans ton foyer!
  Consacrant l'humaine mémoire,
  Tu guides les yeux de l'histoire
  Jusqu'à la source d'où tout sort!
  Les sept jours n'ont plus de mystère,
  Et l'homme sait pourquoi la terre
  Lutte entre la vie et la mort!

Ton pouvoir n'est plus le caprice
Des démagogues et des rois;
Il est l'éternelle justice
Qui se réfléchit dans nos lois!
Ta vertu n'est plus ce problème,
Rêve qui se nourrit soi-même
D'orgueil et d'immortalité!
Elle est l'holocauste sublime
D'une volonté magnanime
A l'éternelle volonté!

Ta vérité n'est plus ce prisme
Où des temps chaque erreur a lui,
L'éclair qui jaillit du sophisme
Et s'évanouit avec lui!
Rayon de l'aurore éternelle,
Pure, féconde, universelle,
Elle éclaire tous les vivans;
Sublime égalité des âmes,
Pour les sages foudres et flammes,
Ombre et voile à l'œil des enfans!

Aliment qui contient la vie,
Chaleur dont le foyer est Dieu,
Germe qui croît et fructifie,
Ton verbe la sème en tout lieu!
Vérité palpable et pratique,
L'amour divin la communique
De l'œil à l'œil, du cœur au cœur!
Et sans proférer de paroles,

Des actions sont ses symboles,
Et des vertus sont sa splendeur!

Chaque instinct à ton joug nous lie,
L'homme naît, vit, meurt avec toi :
Chacun des anneaux de sa vie,
O Christ, est rivé par ta foi!
Souffrant, ses pleurs sont une offrande,
Heureux, son bonheur te demande
De bénir sa prospérité;
Et le mourant que tu consoles
Franchit, armé de tes paroles,
L'ombre de l'immortalité!

Tu gardes, quand l'homme succombe,
Sa mémoire après le trépas,
Et tu rattaches à la tombe
Les liens brisés ici-bas;
Les pleurs tombés de la paupière
Ne mouillent plus la froide pierre;
Mais de ces larmes s'abreuvant,
La prière, union suprême,
Porte la paix au mort qu'elle aime,
Rapporte l'espoir au vivant!

Prix divin de tout sacrifice,
Tout bien se nourrit de ta foi!
De quelque mal qu'elle gémisse
L'humanité se tourne à toi!
Si je demande à chaque obole,

A chaque larme qui console,
A chaque généreux pardon,
A chaque vertu qu'on me nomme :
En quel nom consolez-vous l'homme?
Ils me répondent : En son nom !

C'est toi dont la pitié plus tendre
Verse l'aumône à pleines mains,
Guide l'aveugle et vient attendre
Le voyageur sur les chemins !
C'est toi qui, dans l'asile immonde
Où les déshérités du monde
Viennent pour pleurer et souffrir,
Donne au vieillard de saintes filles,
A l'enfant sans nom des familles,
Au malade un lit pour mourir !

Tu vis dans toutes les reliques,
Temple debout et renversé,
Autels, colonnes, basiliques,
Tout est à toi dans le passé !
Tout ce que l'homme élève encore,
Toute demeure où l'on adore,
Tout est à toi dans l'avenir !
Les siècles n'ont pas de poussière,
Les collines n'ont pas de pierre
Qui ne porte ton souvenir !

Enfin, vaste et puissante idée,
Plus forte que l'esprit humain,

Toute âme est pleine, est obsédée
De ton nom qu'elle évoque en vain !
Préférant ses doutes funèbres,
L'homme amasse en vain les ténèbres,
Partout ta splendeur le poursuit !
Et, comme un jour qui nous éclaire,
Le monde ne peut s'y soustraire
Qu'en se replongeant dans la nuit !

―――

Et tu meurs ? Et ta foi dans un lit de nuages
S'enfonce pour jamais sous l'horizon des âges,
Comme un de ces soleils que le ciel a perdus,
Dont l'astronome dit : C'était là qu'il n'est plus !
Et les fils de nos fils dans les lointaines ères
Feraient aussi leur fable avec tes saints mystères ?
Et parleraient un jour de l'homme de la croix
Comme des dieux menteurs disparus à ta voix,
De ces porteurs de foudre ou du vil caducée,
Rêves dont au réveil a rougi la pensée ?
Mais tous ces dieux, ô Christ ! n'avaient rien apporté
Qu'une ombre plus épaisse à notre obscurité !
Mais du délire humain lâche et honteux symbole,
Ils croulèrent d'eux-même au bruit de ta parole ;
Mais tu venais asseoir sur leur trône abattu
Le Dieu de vérité, de grâce et de vertu !
Leurs lois se trahissaient devant les lois chrétiennes !
Mais où sont les vertus qui démentent les tiennes ?
Pour éclipser ton jour quel jour nouveau paraît ?

Toi qui les remplaças, qui te remplacerait?

———

Ah! qui sait si cette ombre où pâlit ta doctrine
Est une décadence—ou quelque nuit divine,
Quelque nuage faux prêt à se déchirer,
Où ta foi va monter et se transfigurer,
Comme aux jours de ta vie humaine et méconnue
Tu te transfiguras toi-même dans la nue,
Quand ta divinité reprenant son essor,
Un jour sorti de toi revêtit le Thabor,
Dans ton vol glorieux te balança sans ailes,
Éblouit les regards des disciples fidèles,
Et, pour les consoler de ton prochain adieu,
Homme prêt à mourir te montra déjà Dieu?

———

Oui! de quelque faux nom que l'avenir te nomme,
Nous te saluons Dieu! car tu n'es pas un homme!
L'homme n'eût pas trouvé dans notre infirmité
Ce germe tout divin de l'immortalité,
La clarté dans la nuit, la vertu dans le vice,
Dans l'égoïsme étroit la soif du sacrifice!
Dans la lutte la paix, l'espoir dans la douleur,
Dans l'orgueil révolté l'humilité du cœur,
Dans la haine l'amour, le pardon dans l'offense,
Et dans le repentir la seconde innocence!
Notre encens à ce prix ne saurait s'égarer,

Et j'en crois des vertus qui se font adorer!

Repos de notre ignorance,
Tes dogmes mystérieux
Sont un temple à l'espérance
Montant de la terre aux cieux !
Ta morale chaste et sainte
Embaume sa pure enceinte
De paix, de grâce et d'amour,
Et l'air que l'âme y respire
A le parfum du zéphyre
Qu'Éden exhalait un jour !

Dès que l'humaine nature
Se plie au joug de ta foi,
Elle s'élève et s'épure
Et se divinise en toi !
Toutes ses vaines pensées
Montent du cœur, élancées
Aussi haut que son destin ;
L'homme revient en arrière,
Fils égaré de lumière
Qui retrouve son chemin !

Les troubles du cœur s'apaisent,
L'âme n'est qu'un long soupir ;
Tous les vains désirs se taisent
Dans un immense désir !

La paix, volupté nouvelle,
Sens de la vie éternelle,
En a la sérénité !
Du chrétien la vie entière
N'est qu'une longue prière,
Un hymne en action à l'immortalité !

Et les vertus les plus rudes
Du stoïque triomphant
Sont les humbles habitudes
De la femme et de l'enfant !
Et la terre transformée
N'est qu'une route semée
D'ombrages délicieux,
Où l'homme en l'homme a son frère !
Où l'homme à Dieu dit : Mon père !
Où chaque pas mène aux cieux !

O toi qui fis lever cette seconde aurore,
Dont un second chaos vit l'harmonie éclore,
Parole qui portais avec la vérité
Justice et tolérance, amour et liberté !
Règne à jamais, ô Christ, sur la raison humaine,
Et de l'homme à son Dieu sois la divine chaîne !
Illumine sans fin de tes feux éclatans
Les siècles endormis dans le berceau des temps !
Et que ton nom légué pour unique héritage,
De la mère à l'enfant descende d'âge en âge,

Tant que l'œil dans la nuit aura soif de clarté,
Et le cœur d'espérance et d'immortalité !
Tant que l'humanité plaintive et désolée
Arrosera de pleurs sa terrestre vallée,
Et tant que les vertus garderont leurs autels,
Ou n'auront pas changé de nom chez les mortels !

Pour moi, soit que son nom ressuscite ou succombe,
O Dieu de mon berceau, sois le Dieu de ma tombe !
Plus la nuit est obscure et plus mes faibles yeux
S'attachent au flambeau qui pâlit dans les cieux !
Et quand l'autel brisé que la foule abandonne
S'écroulerait sur moi !... temple que je chéris,
Temple où j'ai tout reçu, temple où j'ai tout appris,
J'embrasserais encor ta dernière colonne,
Dussé-je être écrasé sous tes sacrés débris !

VI.

ÉPITRE A M. DE SAINTE-BEUVE,

EN RÉPONSE A DES VERS ADRESSÉS PAR LUI A L'AUTEUR[*],

OU

CONVERSATION.

Oui, mon cœur s'en souvient de cette heure tranquille,
Qu'à l'ombre d'un tilleul, loin des toits de la ville,
Nous passâmes ensemble au jardin des Chartreux;
Je vois encor d'ici le tronc large et noueux,
Et les mots qu'à ses pieds, de mon bâton d'érable,
En t'écoutant rêver, je traçais sur le sable;
Nous parlâmes du cœur, comme deux vieux amis
Au foyer l'un de l'autre, à la campagne, admis,
Heureux, après dix ans, du soir qui les rassemble,
A table, sans témoins, s'entretiennent ensemble,
Tandis que le flambeau par les heures rongé,
S'use pour éclairer l'entretien prolongé,
Et qu'un vin goutte à goutte épuisé dans le verre
Rougit encor le fond de la coupe sincère.

J'avais pourtant noté d'un doigt réprobateur

---

[*] Voir à la fin du volume les vers de M. de Sainte-Beuve.

Tes vers trop tôt ravis à l'amour de l'auteur,
Tes vers où l'hyperbole, effort de la faiblesse,
Enflait d'un sens forcé le vide ou la mollesse ;
Tes vers, fruits imparfaits d'un arbre trop hâté,
Qui les laisse tomber au souffle de l'été,
Mais à qui sa racine étendue et profonde,
Et ce ciel amoureux qui lui prodigue l'onde,
Assurent, pour orner ses rameaux paternels,
Une sève plus forte et des jours éternels !
Ces vers en vain frappés d'un pénible anathème,
Mon cœur plus indulgent les excuse et les aime ;
Sous ces mètres rompus qui boitent en marchant,
Sous ces fausses couleurs au contraste tranchant,
Sous ce vernis trop vif qui fatigue la vue,
Sous cette vérité trop rampante ou trop nue,
On y sent ce qu'à l'art l'homme demande en vain,
Ce foyer créateur où couve un feu divin,
Feu dont les passions alimentent la flamme,
Chaleur que l'âme exhale et communique à l'âme* ;
Devant le sentiment le goût est désarmé,
Et mon cœur ne retient que ce qui l'a charmé !
Comme au sein d'une nuit où tout regard expire,
Si quelque feu lointain sur un mont vient à luire,
L'œil, volant de lui-même à la vive clarté,
Franchit, sans y toucher, des champs d'obscurité,
Et, s'attachant dans l'ombre au seul point qui rayonne,
Oublie, en l'admirant, la nuit qui l'environne !

---

* M. de Sainte-Beuve n'avait pas encore publié *les Consolations,* qui ont justifié les espérances des amis de son talent si intime et si original.

Et tu veux aujourd'hui qu'ouvrant mon cœur au tien,
Je renoue en ces vers notre intime entretien?
Tu demandes de moi les haltes de ma vie?
Le compte de mes jours?... Mes jours? je les oublie,
Comme le voyageur, quand il a dénoué
Sa ceinture de cuir, et qu'il a secoué
De ses souliers poudreux la boue et la poussière,
Redoutant de porter un regard en arrière,
Dédaigne de compter tous les pas qu'il a faits
Pour arriver enfin à son foyer de paix!
Ainsi dans mon esprit ma route est effacée;
Je n'en rappelle rien à ma triste pensée,
Que la source où j'ai bu dans le creux de ma main,
L'arbre qui répandit l'ombre sur mon chemin!
La fleur, que sur ses bords ma main avait choisie,
Afin d'en respirer jusqu'au soir l'ambroisie,
Et qui, dès le matin, cédant à la chaleur,
Se pencha languissante et mourut sur mon cœur!

Et de ma vie obscure, hélas! qu'aurais-je à dire?
Elle fut..., ce qu'elle est pour tout ce qui respire;
Un rêve du matin, qui commence éclatant
Par de divins amours dans un palais flottant,
Se poursuit dans le ciel, et finit sur la terre
Par du pain et des pleurs sur un lit de misère!
Ami, voilà la vie universelle, hélas!
Et la mienne; et pourtant je ne l'accuse pas!
Juste envers le destin dont la coupe est diverse,
Je le bénis du miel que dans la mienne il verse.
D'autres n'ont que l'absinthe; et moi, grâce au Seigneur,

J'ai ce que leur misère appelle le bonheur !
Un toit large et brillant sur un champ plein de gerbes,
Des prés où l'aquilon fait ondoyer mes herbes,
Des bois dont le murmure et l'ombre sont à moi,
Des troupeaux mugissans qui paissent sous ma loi,
Une femme, un enfant, trésors dont je m'enivre !
L'une par qui l'on vit, l'autre qui fait revivre !
Un foyer où jamais l'indigent éconduit
N'entre sans déposer son bâton pour la nuit,
Où l'hospitalité, la main ouverte et pleine,
Peut donner sans peser le pain de la semaine,
Ou verser à l'ami qui visite mon toit
Un vin qui réjouit la lèvre qui le boit ;
Que dirais-je de plus ? la douce solitude,
Le jour semblable au jour lié par l'habitude,
Une harpe, humble écho d'espérance et de foi,
Et qui chante au dehors quand mon cœur chante en moi !
Le repos, la prière, un cœur exempt d'alarmes,
Et la paix du Seigneur, joyeuse dans les larmes ;
D'un seul de tous ces dons qui ne serait jaloux ?
Mais combien manque-t-il à qui les reçut tous !
De quelque jus divin que Dieu nous la remplisse,
Toute l'eau de la vie a le goût du calice ;
La joie a son ennui, le plaisir sa langueur,
L'erreur du malheureux c'est de croire au bonheur !
Que sert de jeter l'ancre et de dire à sa barque :
« Arrêtons-nous, voilà le port que je te marque !
« Tu dormiras ici comme une île des mers
« Que ne peut soulever l'effort des flots amers ? »
Tandis que nous parlons, une vague éternelle

S'enfle sous le navire et l'emporte avec elle ;
Sur les mers de ce monde il n'est jamais de port ;
Et le naufrage seul nous jette sur le bord !
Jeune encor j'ai sondé ces ténèbres profondes :
La vie est un degré de l'échelle des mondes
Que nous devons franchir pour arriver ailleurs !
Souvent les pieds meurtris, le front blanc de sueurs,
Comme un homme essoufflé qui monte un sentier rude
Se repose un moment vaincu de lassitude ;
Sur cette marche même, hélas ! qu'il faut franchir
Ou pour reprendre haleine ou pour se rafraîchir,
On s'arrête, on s'assied, on voit passer la foule,
Qui sur l'étroit degré se coudoie et se foule ;
On reconnaît de l'œil et du cœur ses amis,
Les uns par le courage et l'espoir affermis,
Montant d'un pas léger que rien ne peut suspendre,
Les autres chancelans et prêts à redescendre.
C'est parmi ces derniers que mon œil te trouva ;
Tu tombais ! je criai ! le Seigneur te sauva !
Tu repris ton élan vers la céleste porte !
Honneur en soit rendu, non à cette voix morte,
Mais au Dieu qui donna la vie à mes accens,
Qui met le trait sur l'arc, et la flamme à l'encens,
Fait un écho vivant de nos lèvres muettes,
Et dans nos cœurs fêlés verse ses eaux parfaites !
Ton cœur était l'or pur caché dans le filon,
Qui n'attend pour briller que l'heure et le rayon ;
La perle au fond des mers sous l'écaille captive,
Qu'un pêcheur dans ses rets amène sur la rive :
L'or ne doit point de grâce aux sondes du mineur,

Ni la perle aux filets; mais tous deux au Seigneur,
Dont le regard divin scrute la terre et l'onde,
Et dirige lui seul le filet ou la sonde!
Ainsi la vérité t'attendait à son jour,
Et sa voix dans ta voix va parler à son tour!

Oui, dût un froid mépris répondre à notre lyre,
Dût notre vérité se nommer un délire,
Dût notre âge, enivré des seuls soins d'ici-bas,
Sourire en nous disant : Je ne vous connais pas!
Semblables devant l'homme à ces hardis prophètes
Que la dérision conviait à ses fêtes,
Et qui, sur leurs tyrans lançant l'esprit divin,
Gravaient trois mots obscurs sur les murs du festin,
Répétons-lui toujours que l'univers est vide,
Que la vie est un flot que chasse un vent rapide,
Et qui doit nous porter à l'immortalité
Ou se fondre en écume, en bruit, en vanité;
Que tout but ici-bas est trompeur ou fragile,
Tout espoir abusé, tout mouvement stérile;
Que les rêves de l'homme et ses ambitions,
La sagesse, les arts, le bras des nations,
Les efforts réunis des siècles et du monde
Ne peuvent retarder la mort d'une seconde,
Faire avancer le jour d'une heure dans les airs,
Ou rebrousser le vent et l'écume des mers!
Que l'homme n'a reçu du seul maître suprême
De puissance et d'empire ici que sur lui-même,
Et qu'en dépit du siècle il n'a dans ce bas lieu
Qu'une œuvre : la vertu; qu'une espérance : Dieu!

Ce sort est assez beau pour un peu de poussière;
Il devrait consoler même un fils de lumière,
De ne pouvoir changer les sentiers radieux
De ces astres lointains, poussière aussi des cieux.

Et puisse alors celui que notre langue adore,
Comme un souffle vivant anime un bois sonore,
Prêtant l'âme et la vie à nos pieux concerts,
De son souffle incréé diviniser nos vers!
Nos vers morts, et formés de syllabes muettes,
Si Dieu ne retentit dans la voix des poëtes!
Leur donner ce qu'il a, puissance et vérité,
Et ce que l'homme entend par immortalité!
C'est-à-dire un écho qui dure une seconde
Sur cet atome obscur que nous nommons un monde,
Semblable, hélas! à peine au retentissement
Qui le soir sous les bois se prolonge un moment,
Quand, le pâtre brisant son chalumeau sonore,
Du son qu'il n'entend plus l'air ému vibre encore!
Et même de ce prix ne soyons point jaloux!
Chantons pour soulager ce qui gémit en nous!
Quand la source à la mer a versé son eau pure,
Qu'importe si l'abîme étouffe son murmure!
Qu'importe si les vents dispersent sur les mers
Le cri qu'a jeté l'aigle en traversant les airs,
Quand l'oiseau s'élevant des rochers du rivage
Plane dans le rayon au-dessus du nuage,
Qu'il n'entend plus la vague, et qu'il voit sous ses yeux
Ces abîmes d'azur qui sont pour nous les cieux!

VII.

LE TOMBEAU D'UNE MÈRE.

Un jour, les yeux lassés de veilles et de larmes,
Comme un lutteur vaincu prêt à jeter ses armes,
Je disais à l'aurore : En vain tu vas briller;
La nature trahit nos yeux par ses merveilles,
Et le ciel coloré de ses teintes vermeilles
    Ne sourit que pour nous railler !

Rien n'est vrai, rien n'est faux; tout est songe et mensonge,
Illusion du cœur qu'un vain espoir prolonge !
Nos seules vérités, hommes, sont nos douleurs !
Cet éclair dans nos yeux que nous nommons la vie,
Étincelle dont l'âme est à peine éblouie,
    Qu'elle va s'allumer ailleurs !

Plus nous ouvrons les yeux, plus la nuit est profonde,
Dieu n'est qu'un mot rêvé pour expliquer le monde,
Un plus obscur abîme où l'esprit s'est lancé,
Et tout flotte et tout tombe ainsi que la poussière
Que fait en tourbillons dans l'aride carrière
    Lever le pied d'un insensé !

Je disais ; et mes yeux voyaient avec envie

Tout ce qui n'a reçu qu'une insensible vie
Et dont nul rêve au moins n'agite son sommeil;
Au sillon, au rocher j'attachais ma paupière,
Et ce regard disait : A la brute, à la pierre,
  Au moins, que ne suis-je pareil?

Et ce regard errant comme l'œil du pilote
Qui demande sa route à l'abîme qui flotte,
S'arrêta tout à coup fixé sur un tombeau !
Tombeau, cher entretien d'une douleur amère,
Où le gazon sacré qui recouvre ma mère
  Grandit sous les pleurs du hameau !

Là, quand l'ange voilé sous les traits d'une femme
Dans le Dieu sa lumière eut exhalé son âme
Comme on souffle une lampe à l'approche du jour ;
A l'ombre des autels qu'elle aimait à toute heure,
Je lui creusai moi-même une étroite demeure,
  Une porte à l'autre séjour !

Là dort dans son espoir celle dont le sourire
Cherchait encor mes yeux à l'heure où tout expire,
Ce cœur, source du mien, ce sein qui m'a conçu,
Ce sein qui m'allaita de lait et de tendresses,
Ces bras qui n'ont été qu'un berceau de caresses,
  Ces lèvres dont j'ai tout reçu !

Là dorment soixante ans d'une seule pensée !
D'une vie à bien faire uniquement passée,
D'innocence, d'amour, d'espoir, de pureté,

Tant d'aspirations vers son Dieu répétées,
Tant de foi dans la mort, tant de vertus jetées
  En gage à l'immortalité !

Tant de nuits sans sommeil pour veiller la souffrance,
Tant de pain retranché pour nourrir l'indigence,
Tant de pleurs toujours prêts à s'unir à des pleurs,
Tant de soupirs brûlans vers une autre patrie,
Et tant de patience à porter une vie
  Dont la couronne était ailleurs !

Et tout cela pourquoi ? Pour qu'un creux dans le sable
Absorbât pour jamais cet être intarissable !
Pour que ces vils sillons en fussent engraissés !
Pour que l'herbe des morts dont sa tombe est couverte
Grandît, là, sous mes pieds, plus épaisse et plus verte !
  Un peu de cendre était assez !

Non, non ; pour éclairer trois pas sur la poussière
Dieu n'aurait pas créé cette immense lumière,
Cette âme au long regard, à l'héroïque effort !
Sur cette froide pierre en vain le regard tombe,
O vertu ! ton aspect est plus fort que la tombe,
  Et plus évident que la mort !

Et mon œil convaincu de ce grand témoignage,
Se releva de terre et sortit du nuage,
Et mon cœur ténébreux recouvra son flambeau !
Heureux l'homme à qui Dieu donne une sainte mère !
En vain la vie est dure et la mort est amère,
  Qui peut douter sur son tombeau !

VIII.

LE GÉNIE DANS L'OBSCURITÉ.

A M. REBOUL,

A NIMES.

Le souffle inspirateur qui fait de l'âme humaine
  Un instrument mélodieux,
Dédaigne des palais la pompe souveraine :
Que sont la pourpre et l'or à qui descend à peine
  Des palais rayonnans des cieux ?

Il s'abat au hasard sur l'arbre solitaire,
  Sur la cabane des pasteurs,
Sous le chaume indigent des pauvres de la terre,
Et couve en souriant un glorieux mystère
  Dans un berceau mouillé de pleurs !

C'est Homère endormi, qu'une esclave sans maître
  Réchauffe de son seul amour ;
C'est un enfant chassé de l'ombre de son hêtre
Qui pleure les chevreaux que ses pas menaient paître,
  Et qui sera Virgile un jour !

C'est Moïse flottant dans un berceau fragile
    Sur l'onde, au hasard des courans,
Que l'éclair du Sina visite entre cent mille
Pendant qu'il fend le marbre ou qu'il pétrit l'argile
    Pour la tombe de ses tyrans!

Ainsi l'instinct caché dans la nature entière
    Mûrit pour l'immortalité!
La perle au fond des mers, l'or au sein de la pierre,
Le diamant dans l'ombre où languit sa lumière,
    La gloire dans l'obscurité!

La gloire, oiseau divin, phénix né de lui-même,
    Qui vient tous les cent ans, nouveau,
Se poser sur la terre et sur un nom qu'il aime,
Et qu'on y voit mourir ainsi que son emblème,
    Mais dont nul ne sait le berceau!

Ne t'étonne donc pas qu'un ange d'harmonie
    Vienne d'en haut te réveiller,
Souviens-toi de Jacob! Les songes du génie
Descendent sur des fronts qui n'ont dans l'insomnie
    Qu'une pierre pour oreiller!

Moi-même, plein des biens dont l'opulence abonde,
    Que je changerais volontiers
Cet or dont la fortune avec dédain m'inonde
Pour une heure du temps où je n'avais au monde
    Que ma vigne et que mes figuiers!

Pour ces songes divins qui chantaient dans mon âme,
    Et que nul or ne peut payer,
Pendant que le soleil baissait, et que la flamme
Que ma mère allumait ainsi qu'une humble femme
    Éclairait son étroit foyer !

Et qu'assis autour d'elle à la table de hêtre
    Que nous préparait son amour,
Nous rendions grâce à Dieu de ce repas champêtre,
Riche des simples fruits que le champ faisait naître,
    Et d'un pain qui suffit au jour ! *

---

* Voir à la fin du volume la réponse de M. Reboul.

IX.

POURQUOI MON AME EST-ELLE TRISTE?

Pourquoi gémis-tu sans cesse,
O mon âme? réponds-moi;
D'où vient ce poids de tristesse,
Qui pèse aujourd'hui sur toi?
Au tombeau qui nous dévore,
Pleurant, tu n'as pas encore
Conduit tes derniers amis!
L'astre serein de ta vie
S'élève encore; et l'envie
Cherche pourquoi tu gémis!

La terre encore a des plages,
Le ciel encore a des jours,
La gloire encor des orages,
Le cœur encor des amours;
La nature offre à tes veilles
Des mystères, des merveilles,
Qu'aucun œil n'a profané,
Et flétrissant tout d'avance
Dans les champs de l'espérance
Ta main n'a pas tout glané!

Et qu'est-ce que la terre? Une prison flottante,
Une demeure étroite, un navire, une tente
Que son Dieu dans l'espace a dressé pour un jour,
Et dont le vent du ciel en trois pas fait le tour!
Des plaines, des vallons, des mers et des collines
Où tout sort de la poudre et retourne en ruines,
Et dont la masse à peine est à l'immensité
Ce que l'heure qui sonne est à l'éternité !
Fange en palais pétrie, hélas! mais toujours fange,
Où tout est monotone et cependant tout change!

Et qu'est-ce que la vie? un réveil d'un moment!
De naître et de mourir un court étonnement!
Un mot qu'avec mépris l'Être éternel prononce!
Labyrinthe sans clé! question sans réponse!
Songe qui s'évapore, étincelle qui fuit!
Éclair qui sort de l'ombre et rentre dans la nuit!
Minute que le temps prête et retire à l'homme,
Chose qui ne vaut pas le mot dont on la nomme!

Et qu'est-ce que la gloire? Un vain son répété,
Une dérision de notre vanité?
Un nom qui retentit sur des lèvres mortelles,
Vain, trompeur, inconstant, périssable comme elles,
Et qui, tantôt croissant et tantôt affaibli,
Passe de bouche en bouche à l'éternel oubli!
Nectar empoisonné dont notre orgueil s'enivre,
Qui fait mourir deux fois ce qui veut toujours vivre!

Et qu'est-ce que l'amour? Ah! prêt à le nommer

Ma bouche en le niant craindrait de blasphémer!
Lui seul est au-dessus de tout mot qui l'exprime!
Éclair brillant et pur du feu qui nous anime,
Étincelle ravie au grand foyer des cieux!
Char de feu qui, vivans, nous porte au rang des dieux!
Rayon! foudre des sens! inextinguible flamme
Qui fond deux cœurs mortels et n'en fait plus qu'une âme.
Il est!... Il serait tout, s'il ne devait finir!
Si le cœur d'un mortel le pouvait contenir,
Ou si, semblable au feu dont Dieu fit son emblème,
Sa flamme en s'exhalant ne l'étouffait lui-même!

  Mais quand ces biens que l'homme envie
  Déborderaient dans un seul cœur,
  La mort seule au bout de la vie
  Fait un supplice du bonheur!
  Le flot du temps qui nous entraîne
  N'attend pas que la joie humaine
  Fleurisse longtemps sur son cours!
  Race éphémère et fugitive,
  Que peux-tu semer sur la rive
  De ce torrent qui fuit toujours!

  Il fuit, et ses rives fanées
  M'annoncent déjà qu'il est tard!
  Il fuit, et mes vertes années
  Disparaissent de mon regard;
  Chaque projet, chaque espérance
  Ressemble à ce liége qu'on lance
  Sur la trace des matelots,

Qui ne s'éloigne et ne surnage
Que pour mesurer le sillage
Du navire qui fend les flots !

Où suis-je? Est-ce moi? Je m'éveille
D'un songe qui n'est pas fini !
Tout était promesse et merveille
Dans un avenir infini !
J'étais jeune !... Hélas! mes années
Sur ma tête tombent fanées
Et ne refleuriront jamais !
Mon cœur était plein!... il est vide !
Mon sein fécond!... il est aride !
J'aimais !... où sont ceux que j'aimais ?

Mes jours, que le deuil décolore,
Glissent avant d'être comptés ;
Mon cœur, hélas! palpite encore
De ses dernières voluptés!
Sous mes pas la terre est couverte
De plus d'une palme encor verte,
Mais qui survit à mes désirs ;
Tant d'objets chers à ma paupière
Sont encor là, sur la poussière
Tiède de mes brûlans soupirs !

Je vois passer, je vois sourire
La femme aux perfides appas,
Qui m'enivra d'un long délire,
Dont mes lèvres baisaient les pas!

Ses blonds cheveux flottent encore,
Les fraîches couleurs de l'aurore
Teignent toujours son front charmant,
Et dans l'azur de sa paupière
Brille encore assez de lumière
Pour fasciner l'œil d'un amant!

La foule, qui s'ouvre à mesure,
La flatte encor d'un long coup d'œil;
Et la poursuit d'un long murmure
Dont s'enivre son jeune orgueil;
Et moi! je souris et je passe,
Sans effort de mon cœur j'efface
Ce songe de félicité,
Et je dis, la pitié dans l'âme :
Amour! se peut-il que ta flamme
Meure encore avant la beauté?

Hélas! dans une longue vie
Que reste-t-il après l'amour?
Dans notre paupière éblouie
Ce qu'il reste après un beau jour!
Ce qu'il reste à la voile vide
Quand le dernier vent qui la ride
S'abat sur le flot assoupi;
Ce qu'il reste au chaume sauvage,
Lorsque les ailes de l'orage
Sur la terre ont vidé l'épi!

Et pourtant il faut vivre encore,

Dormir, s'éveiller tour à tour,
Et traîner d'aurore en aurore
Ce fardeau renaissant des jours !
Quand on a bu jusqu'à la lie
La coupe écumante de vie,
Ah ! la briser serait un bien !
Espérer, attendre, c'est vivre !
Que sert de compter et de suivre
Des jours qui n'apportent plus rien ?

Voilà pourquoi mon âme est lasse
Du vide affreux qui la remplit ;
Pourquoi mon cœur change de place
Comme un malade dans son lit ;
Pourquoi mon errante pensée,
Comme une colombe blessée
Ne se repose en aucun lieu ;
Pourquoi j'ai détourné la vue
De cette terre ingrate et nue,
Et j'ai dit à la fin : Mon Dieu !

Comme un souffle d'un vent d'orage
Soulevant l'humble passereau,
L'emporte au-dessus du nuage,
Loin du toit qui fut son berceau ;
Sans même que son aile tremble,
L'aquilon le soutient ; il semble
Bercé sur les vagues des airs ;
Ainsi cette seule pensée
Emporta mon âme oppressée

Jusqu'à la source des éclairs!

C'est Dieu, pensais-je, qui m'emporte,
L'infini s'ouvre sous mes pas!
Que mon aile naissante est forte!
Quels cieux ne tenterons-nous pas?
La foi même, un pied sur la terre,
Monte de mystère en mystère
Jusqu'où l'on monte sans mourir!
J'irai, plein de sa soif sublime,
Me désaltérer dans l'abîme
Que je ne verrai plus tarir!

J'ai cherché le Dieu que j'adore,
Partout où l'instinct m'a conduit,
Sous les voiles d'or de l'aurore,
Chez les étoiles de la nuit;
Le firmament n'a point de voûtes,
Les feux, les vents n'ont point de routes
Où mon œil n'ait plongé cent fois;
Toujours présent à ma mémoire,
Partout où se montrait sa gloire,
Il entendait monter ma voix!

Je l'ai cherché dans les merveilles,
Œuvre parlante de ses mains,
Dans la solitude et les veilles,
Et dans les songes des humains!
L'épi, le brin d'herbe, l'insecte,
Me disaient : adore et respecte !

Sa sagesse a passé par là !
Et ces catastrophes fatales
Dont l'histoire enfle ses annales,
Me criaient plus haut : Le voilà !

A chaque éclair, à chaque étoile
Que je découvrais dans les cieux,
Je croyais voir tomber le voile
Qui le dérobait à mes yeux ;
Je disais : Un mystère encore !
Voici son ombre, son aurore,
Mon âme ! il va paraître enfin !
Et toujours, ô triste pensée !
Toujours quelque lettre effacée
Manquait, hélas ! au nom divin !

Et maintenant, dans ma misère,
Je n'en sais pas plus que l'enfant
Qui balbutie après sa mère
Ce nom sublime et triomphant ;
Je n'en sais pas plus que l'aurore,
Qui de son regard vient d'éclore,
Et le cherche en vain en tout lieu ;
Pas plus que toute la nature,
Qui le raconte et le murmure,
Et demande : Où donc est mon Dieu ?

Voilà pourquoi mon âme est triste,
Comme une mer brisant la nuit sur un écueil,
Comme la harpe du Psalmiste,

Quand il pleure au bord d'un cercueil !
Comme l'Horeb voilé sous un nuage sombre,
Comme un ciel sans étoile, ou comme un jour sans ombre,
Ou comme ce vieillard qu'on ne put consoler,
Qui, le cœur débordant d'une douleur farouche,
Ne pouvait plus tarir la plainte sur sa bouche,
  Et disait : Laissez-moi parler * !

Mais que dis-je? Est-ce toi, vérité, jour suprême !
  Qui te caches sous ta splendeur?
Ou n'est-ce pas mon œil qui s'est voilé lui-même
  Sous les nuages de mon cœur?

Ces enfans prosternés aux marches de ton temple,
  Ces humbles femmes, ces vieillards,
Leur âme te possède et leur œil te contemple,
  Ta gloire éclate à leurs regards !

Et moi, je plonge en vain sous tant d'ombres funèbres,
  Ta splendeur te dérobe à moi !
Ah ! le regard qui cherche a donc plus de ténèbres
  Que l'œil abaissé devant toi !

   Dieu de la lumière,
   Entends ma prière,
   Frappe ma paupière,
   Comme le rocher !
   Que le jour se fasse,

* Job, ch. XXI.

Car mon âme est lasse,
Seigneur, de chercher !
Astre que j'adore,
Ce jour que j'implore
N'est point dans l'aurore,
N'est pas dans les cieux !
Vérité suprême !
Jour mystérieux !
De l'heure où l'on t'aime,
Il est en nous-même,
Il est dans nos yeux !

X.

LA RETRAITE.

RÉPONSE A M VICTOR HUGO*.

Je sommeillais sans rêve,
Comme Écho dans mes bois ;
Mais qu'une voix s'élève,
Soudain la mienne achève ;
Un son me rend la voix.

Que celle qui m'éveille
A de touchans concerts !
Jamais à mon oreille
Harpe ou lyre pareille
N'enchanta ces déserts,

Depuis l'heure charmante
Où le servant d'amour,
Sa harpe sous sa mante,
Venait pour une amante
Soupirer sous la tour.

* Voir, à la fin du volume, les vers de M. Victor Hugo.

C'est la voix fraiche et pure
D'un enfant des cités,
Qui, las de leur murmure,
Demande à la nature
Des jours plus abrités ;

Un toit où se repose
L'ombre des bois épais,
Un ruisseau qui l'arrose
Et le buisson de rose
Où l'oiseau chante auprès !

L'uniforme habitude
Qui lie au jour le jour,
Point de gloire où d'étude,
Rien que la solitude,
La prière et l'amour !

Ah ! ton rêve est un rêve,
Ami, ce rien est tout !
Ta vie a trop de sève ;
Mais attends, l'âge enlève
L'ivresse et le dégoût !

Plus, hélas ! sur la terre
L'homme compte de jours,
Plus la route est sévère,
Et plus le cœur resserre
Sa vie et ses amours !

Fuis ces champs de bataille
Où l'insecte pensant
S'agite et se travaille
Autour d'un brin de paille
Qu'écrase le passant !

Je sais sur la colline
Une blanche maison ;
Un rocher la domine,
Un buisson d'aubépine
Est tout son horizon.

Là jamais ne s'élève
Bruit qui fasse penser ;
Jusqu'à ce qu'il s'achève,
On peut mener son rêve
Et le recommencer.

Le clocher du village
Surmonte ce séjour ;
Sa voix comme un hommage
Monte au premier nuage
Que colore le jour !

Signal de la prière,
Elle part du saint lieu,
Appelant la première
L'enfant de la chaumière
A la maison de Dieu.

Aux sons que l'écho roule
Le long des églantiers,
Vous voyez l'humble foule
Qui serpente et s'écoule
Dans les pieux sentiers;

C'est la pauvre orpheline
Pour qui le jour est court,
Qui déroule et termine
Pendant qu'elle chemine
Son fuseau déjà lourd;

C'est l'aveugle que guide
Le mur accoutumé,
Le mendiant timide
Et dont la main dévide
Son rosaire enfumé;

C'est l'enfant qui caresse
En passant chaque fleur,
Le vieillard qui se presse :
L'enfance et la vieillesse
Sont amis du Seigneur!

La fenêtre est tournée
Vers le champ des tombeaux,
Où l'herbe moutonnée
Couvre après la journée
Le sommeil des hameaux.

Plus d'une fleur nuance
Ce voile du sommeil ;
Là tout fut innocence,
Là tout dit : Espérance !
Tout parle de réveil !

Mon œil, quand il y tombe,
Voit l'amoureux oiseau
Voler de tombe en tombe,
Ainsi que la colombe
Qui porta le rameau ;

Ou quelque pauvre veuve
Aux longs rayons du soir
Sur une pierre neuve,
Signe de son épreuve,
S'agenouiller, s'asseoir ;

Et, l'espoir sur la bouche,
Contempler du tombeau,
Sous les cyprès qu'il touche,
Le soleil qui se couche
Pour se lever plus beau.

Paix et mélancolie
Veillent là près des morts,
Et l'âme recueillie
Des vagues de la vie
Croit y toucher les bords !

XI.

CANTATE POUR LES ENFANS

D'UNE MAISON DE CHARITÉ.

RÉCITATIF.

Le temple de Sion était dans le silence !
Les saints hymnes dormaient sur les harpes de Dieu,
Les foyers odorans que l'encensoir balance
S'éteignaient ; et l'encens, comme un nuage immense,
S'élevait en rampant sur les murs du saint lieu.

Les docteurs de la loi, les chefs de la prière,
   Étaient assis dans leur orgueil ;
Sous leurs sourcils pensifs il cachaient leur paupière,
Ou lançaient sur la foule un superbe coup d'œil ;
Leur voix interrogeait la timide jeunesse,
Les rides de leur front témoignaient leur sagesse ;
Respirant du Sina l'antique majesté,
De leurs cheveux blanchis, de leur barbe touffue,
On croyait voir glisser sur leur poitrine nue
  La lumière et la charité,
  Comme des neiges des montagnes

Descendent, ô Sâron, sur tes humbles campagnes
  Le jour et la fertilité !

Un enfant devant eux s'avança, plein de grâce ;
La foule, en l'admirant devant ses pas s'ouvrait,
  Puis se refermait sur sa trace ;
  Il semblait éclairer l'espace
D'un jour surnaturel que lui seul ignorait !

   Des ombres de sa chevelure
   Son front sortait, comme un rayon
   Échappé de la nue obscure
   Éclaire un sévère horizon.

   Ce front pur et mélancolique
   S'avançait sur l'œil inspiré,
   Tel qu'un majestueux portique
   S'avance sur un seuil sacré !

   L'éclair céleste de son âme
   S'adoucissait dans son œil pur,
   Comme une étoile dont la flamme
   Sort plus douce des flots d'azur.

   Il parla : les sages doutèrent
   De leur orgueilleuse raison,
   Et les colonnes l'écoutèrent,
   Les colonnes de Salomon !

PREMIÈRE VOIX.

Ô merveilleuse histoire! ô prodiges étranges
Que la mère à ses fils se plaît à raconter !

DEUXIÈME VOIX.

Que disait cet enfant ?

PREMIÈRE VOIX.

Interrogez les anges ,
Eux seuls pourraient le répéter !

DEUXIÈME VOIX.

D'où sortait ce Joas ?

PREMIÈRE VOIX.

De l'ombre de la vie,
De l'exil, du silence et de la pauvreté !

DEUXIÈME VOIX.

Comment disparut-il de la foule ravie ?

PREMIÈRE VOIX.

Il rentra dans l'obscurité ;
Dans les humbles travaux d'une vie inconnue,
Comme l'aurore sous la nue,
Il se cacha vingt ans dans son humilité ;
On ne le revit plus qu'à la fin du mystère ,
Enseignant le ciel à la terre,
Sur le sable ou sur l'eau semant la vérité,

Puis, traînant son supplice au sommet du Calvaire,
De l'homme qu'il aimait victime volontaire,
   Revêtir l'iniquité,
Arroser de son sang sa semence prospère,
    Et payer à son père
    Le monde racheté.

LE CHŒUR.

Du sage et de l'enfant c'est le maître sublime,
  C'est le flambeau qui nous luit,
  C'est l'âme qui nous anime,
  Le chemin qui nous conduit !

PREMIÈRE VOIX.

Il disait à celui dont la main nous repousse :
  Laissez-les venir à moi !

DEUXIÈME VOIX.

Et voilà qu'une main mystérieuse et douce
Tout petits jusqu'à lui nous mène par la foi !

PREMIÈRE VOIX.

Il disait : Faites-vous des trésors que la rouille
Ne puisse pas ronger sous d'impuissans verrous !

DEUXIÈME VOIX.

Et voilà que des mains, que ce seul mot dépouille,
S'ouvrent devant lui seul et s'épanchent sur nous !

PREMIÈRE VOIX.

Il disait : Espérez ! et fiez-vous au père !
L'hirondelle n'a point de palais sur la terre,

Elle trouve au sommet de la tour solitaire
    Une tuile pour ses petits !
Le passereau n'a pas semé la graine amère.
Mais de tous ses enfans la Providence est mère,
L'une a le toit du riche, et l'autre a ses épis !

LE CHŒUR.

Nous sommes l'hirondelle errante et sans asile,
Le toit de l'étranger nous prête ses abris ;
    Le passereau de l'Évangile,
Nous ne moissonnons pas, et nous sommes nourris !

DEUXIÈME VOIX.

Que disait-il encor ?

PREMIÈRE VOIX.

    Voyez sur la verdure
  Éclater le lis du vallon !
  Pour se composer sa parure
Il n'a filé ni lin, ni tissu de toison,
Et pourtant sa tunique est plus riche et plus pure
    Que les robes de Salomon !

LE CHŒUR.

  Nous sommes les lis des vallées :
  Les tièdes laines des brebis
    Par nous n'ont point été filées,
Et la main invisible a tissé nos habits !

DEUXIÈME VOIX.

Et nous, enfans, que peut notre reconnaissance ?

Nos toits sont sans trésor et notre âge impuissant!
Nous n'avons que nos mains à lever en silence
  Vers cette Providence
  D'où vient la récompense,
  D'où le bienfait descend!

PREMIÈRE VOIX.

Et que pourraient de plus les rois et leur puissance?
  Pour nos modestes bienfaiteurs
Priez donc, élevez la voix de l'innocence :
La prière s'épure en passant par vos cœurs!

DEUXIÈME VOIX.

Heureux l'homme pour qui la prière attendrie
  S'élève des lèvres d'autrui!
Il obtient par la voix de l'orphelin qui prie
  Plus qu'il n'a fait pour lui.

PREMIÈRE VOIX.

La prière est le don sans tache et sans souillure
  Que devant l'autel du Très-Haut
L'homme doit présenter dans une argile pure
  Et dans ses vases sans défaut;
Comment offrir ce don dans ce métal profane
  Que sa sainteté nous défend?
Du cristal ou de l'or que notre encens émane,
Le vase le plus pur est le cœur d'un enfant!

DEUXIÈME VOIX.

Le vœu souvent perdu de nos cœurs s'évapore;

Mais ce vœu de nos cœurs par d'autres présenté,
Est comme un faible son dans un temple sonore,
Qui d'échos en échos, croissant et répété,
S'élève et retentit jusqu'à l'éternité !

PREMIÈRE VOIX.

Prions donc ! élevons la voix de l'innocence,
La prière s'épure en passant par nos cœurs !
Les anges porteront à la Toute-Puissance
Nos bénédictions et l'encens de nos pleurs !
Prions donc ! élevons la voix de l'innocence,
La prière s'épure en passant par nos cœurs !

PRIÈRE.

O toi dont l'oreille s'incline
Au nid du pauvre passereau,
Au brin d'herbe de la colline
Qui soupire après un peu d'eau !

Providence qui les console,
Toi qui sais de quelle humble main
S'échappe la secrète obole
Dont le pauvre achète son pain !

Toi qui tiens dans ta main diverse
L'abondance et la nudité,

Afin que de leur doux commerce
Naissent justice et charité !

Charge-toi seule, ô Providence,
De connaître nos bienfaiteurs,
Et de puiser leur récompense
Dans les trésors de tes faveurs !

Notre cœur, qui pour eux t'implore,
A l'ignorance est condamné ;
Car toujours leur main gauche ignore
Ce que leur main droite a donné !

Mais que le bienfait qui se cache
Sous l'humble manteau de la foi,
A leurs mains pieuses s'attache
Et les trahisse devant toi !

Qu'un vœu qui dans leur cœur commence,
Que leurs soupirs les plus voilés
Soient exaucés dans ta clémence
Avant de t'être révélés !

Que leurs mères dans leur vieillesse
Ne meurent qu'après des jours pleins !
Et que les fils de leur jeunesse
Ne restent jamais orphelins !

Mais que leur race se succède
Comme les chênes de Mambré,

Dont aux ans le vieux tronc ne cède
Que quand le jeune a prospéré !

Ou comme ces eaux toujours pleines,
Dans les sources de Siloé,
Où nul flot ne sort des fontaines
Qu'après que d'autres ont coulé !

HARMONIES
POÉTIQUES ET RELIGIEUSES.

LIVRE QUATRIÈME.

I.

HYMNE DE LA MORT.

Élève-toi, mon âme, au-dessus de toi-même,
    Voici l'épreuve de ta foi !
Que l'impie assistant à ton heure suprême
Ne dise pas : Voyez, il tremble comme moi.

    La voilà, cette heure suivie
    Par l'aube de l'éternité,
    Cette heure qui juge la vie
    Et sonne l'immortalité ;
    Et tu pâlirais devant elle,
    Ame à l'espérance infidèle !
    Tu démentirais tant de jours,
    Tant de nuits, passés à te dire,

Je vis, je languis, je soupire!
Ah! mourons pour vivre toujours!

Oui, tu meurs! déjà ta dépouille
De la terre subit les lois,
Et de la fange qui te souille
Déjà tu ne sens plus le poids;
Sentir ce vil poids c'était vivre!
Et le moment qui te délivre,
Les hommes l'appellent mourir!
Tel un esclave libre à peine
Croit qu'on emporte avec sa chaîne
Ses bras qu'il ne sent plus souffrir!

Ah! laisse aux sens, à la matière,
Ces illusions du tombeau!
Toi, crois-en à ta vie entière;
A la foi qui fut ton flambeau!
Crois-en à cette soif sublime,
A ce pressentiment intime
Qui se sent survivre après toi!
Meurs, mon âme, avec assurance;
L'amour, la vertu, l'espérance,
En savent plus qu'un jour d'effroi!

Qu'était-ce que la vie? Exil, ennui, souffrance,
Un holocauste à l'espérance,
Un long acte de foi chaque jour répété!
Tandis que l'insensé buvait à plein calice,
Tu versais à tes pieds ta coupe en sacrifice,

Et tu disais : J'ai soif, mais d'immortalité !

Tu vas boire à la source vive
D'où coulent les temps et les jours,
Océan sans fond et sans rive,
Toujours plein, débordant toujours !
L'astre que tu vas voir éclore
Ne mesure plus par aurore
La vie, hélas ! prête à tarir,
Comme l'astre de nos demeures
Qui n'ajoute au présent des heures
Qu'en retranchant à l'avenir !

Oublie un monde qui s'efface,
Oublie une obscure prison,
Que ton regard privé d'espace
Découvre enfin son horizon !
Vois-tu ces voûtes azurées
Dont les arches démesurées
S'entr'ouvrent pour s'étendre encor ?
Bientôt leur courbe incalculable
Te sera ce qu'un grain de sable
Est au vol brûlant du condor !

Tu vas voir la céleste armée
Déployer ses orbes sans fin,
Comme une poussière animée
Qu'agite le souffle divin !
Ces deux soleils dont ta paupière
Devinait de loin la lumière

Vont s'épanouir sous tes yeux,
Et chacun d'eux dans son langage
Va te saluer au passage
Du grand nom que chantent les cieux!

Tu leur demanderas les rêves
Que ton cœur élançait vers eux,
Pendant ces nuits où tu te lèves
Pour te pénétrer de leurs feux!
Tu leur demanderas les traces
Des êtres chéris dont les places
Restèrent vides ici-bas,
Et tu sauras sur quelle flamme
Leur âme arrachée à ton âme
En montant imprima ses pas!

Tu verras quels êtres habitent
Ces palais flottans de l'éther
Qui nagent, volent, ou palpitent,
Enfans de la flamme et de l'air,
Chœurs qui chantent, voix qui bénissent,
Miroirs de feu qui réfléchissent,
Ailes qui voilent Jéhova!
Poudre vivante de ce temple,
Dont chaque atome le contemple,
L'adore et lui crie : Hosanna!

Dans ce pur océan de vie
Bouillonnant de joie et d'amour,
La mort va te plonger ravie

Comme une étincelle au grand jour !
Son flux vers l'éternelle aurore
Va te porter, obscure encore,
Jusqu'à l'astre qui toujours luit,
Comme un flot que la mer soulève
Roule aux bords où le jour se lève
Sa brillante écume, et s'enfuit !

Détestais-tu la tyrannie,
Adorais-tu la liberté,
De l'oppression impunie
Ton œil était-il révolté;
Avais-tu soif de la justice,
Horreur du mal, honte du vice;
Versais-tu des larmes de sang
Quand l'imposture ou la bassesse
Livraient l'innocente faiblesse
Aux serres du crime puissant;

Sentais-tu la lutte éternelle
Du bonheur et de la vertu,
Et la lutte encor plus cruelle
Du cœur par le cœur combattu;
Rougissais-tu de ce nom d'homme
Dont le ciel rit, quand l'orgueil nomme
Cette machine à deux ressorts,
L'un de boue et l'autre de flamme,
Trop avili s'il n'est qu'une âme,
Trop sublime s'il n'est qu'un corps;

Pleurais-tu quand la calomnie
Souillait la gloire de poison,
Ou quand les ailes du génie
Se brisaient contre sa prison ;
Pleurais-tu lorsque Philomèle,
Couvant ses petits sous son aile,
Tombait sous l'ongle du vautour ;
Quand la faux tranchait une rose
Ou que la vierge à peine éclose
Mourait à son premier amour ;

Et sentais-tu ce vide immense
Et cet inexorable ennui,
Et ce néant de l'existence,
Cercle étroit qui tourne sur lui ;
Même en t'enivrant de délices
Buvais-tu le fond des calices ;
Heureuse encor n'avais-tu pas
Et ces amertumes sans causes,
Et ces désirs brûlans de choses
Qui n'ont que leurs noms ici-bas?

Triomphe donc, âme exilée ;
Tu vas dans un monde meilleur,
Où toute larme est consolée,
Où tout désir est le bonheur !
Où l'être qui se purifie
N'emporte rien de cette vie
Que ce qu'il a d'égal aux dieux,
Comme la cime encore obscure

Dont l'ombre décroît, à mesure
Que le jour monte dans les cieux.

Là sont tant de larmes versées
Pendant ton exil sous les cïeux,
Tant de prières élancées
Du fond d'un cœur tendre et pieux !
Là tant de soupirs de tristesse,
Tant de beaux songes de jeunesse !
Là les amis qui t'ont quitté,
Épiant ta dernière haleine
Te tendent leur main déjà pleine
Des dons de l'immortalité !

Ne vois-tu pas des étincelles
Dans les ombres poindre et flotter ?
N'entends-tu pas frémir les ailes
De l'esprit qui va t'emporter ?
Bientôt, nageant de nue en nue,
Tu vas te sentir revêtue
Des rayons du divin séjour,
Comme une onde qui s'évapore
Contracte en montant vers l'aurore
La chaleur et l'éclat du jour !

Encore une heure de souffrance,
Encore un douloureux adieu !
Puis endors-toi dans l'espérance
Pour te réveiller dans ton Dieu !
Tel sur la foi de ses étoiles

Le pilote pliant ses voiles
Pressent la terre sans la voir,
S'endort en rêvant les rivages,
Et trouve en s'éveillant des plages
Plus sereines que son espoir.

II.

INVOCATION POUR LES GRECS.

1826.

N'es-tu plus le Dieu des armées,
    N'es-tu plus le Dieu des combats?
Ils périssent, Seigneur, si tu ne réponds pas!
L'ombre du cimeterre est déjà sur leurs pas!
Aux livides lueurs des cités enflammées,
    Vois-tu ces bandes désarmées,
Ces enfans, ces vieillards, ces vierges alarmées?
Ils flottent au hasard de l'outrage au trépas,
Ils regardent la mer, ils te tendent les bras :
    N'es-tu plus le Dieu des armées?
    N'es-tu plus le Dieu des combats?

Jadis tu te levais! tes tribus palpitantes
Criaient : Seigneur! Seigneur! ou jamais, ou demain!
Tu sortais tout armé, tu combattais! soudain
L'Assyrien frappé tombait sans voir la main ;
D'un souffle de ta peur tu balayais ses tentes,
Ses ossemens blanchis nous traçaient le chemin!
Où sont-ils? où sont-ils ces sublimes spectacles
Qu'ont vus les flots de Gad et les monts de Séirs?

Eh quoi! la terre a des martyrs,
Et le ciel n'a plus de miracles?
Cependant tout un peuple a crié : Sauve-moi ;
Nous tombons en ton nom, nous périssons pour toi !

Les monts l'ont entendu! les échos de l'Attique
De caverne en caverne ont répété ses cris,
Athène a tressailli sous sa poussière antique,
Sparte les a roulés de débris en débris !
Les mers l'ont entendu! Les vagues sur leurs plages,
Les vaisseaux qui passaient, les mâts l'ont entendu !
Les lions sur l'OEta, l'aigle au sein des nuages ;
Et toi seul, ô mon Dieu, tu n'as pas répondu !

Ils t'ont prié, Seigneur, de la nuit à l'aurore,
Sous tous les noms divins où l'univers t'adore ;
Ils ont brisé pour toi leurs dieux, ces dieux mortels;
Ils ont pétri, Seigneur, avec l'eau des collines,
La poudre des tombeaux, les cendres des ruines,
Pour te fabriquer des autels !

Des autels à Délos! des autels sur Égine !
Des autels à Platée, à Leuctre, à Marathon !
Des autels sur la grève où pleure Salamine !
Des autels sur le cap où méditait Platon !

Les prêtres ont conduit le long de leurs rivages
Des femmes, des vieillards qui t'invoquaient en chœur,
Des enfans jetant des fleurs
Devant les saintes images,

Et des veuves en deuil qui cachaient leurs visages
    Dans leurs mains pleines de pleurs !

Le bois de leurs vaisseaux, leurs rochers, leurs murailles
Les ont livrés vivans à leurs persécuteurs,
Leurs têtes ont roulé sous les pieds des vainqueurs
Comme des boulets morts sur les champs de batailles,
Les bourreaux ont plongé la main dans leurs entrailles;
Mais ni le fer brûlant, Seigneur, ni les tenailles,
    N'ont pu t'arracher de leurs cœurs !

Et que disent, Seigneur, ces nations armées
Contre ce nom sacré que tu ne venges pas :
    Tu n'es plus le Dieu des armées !
    Tu n'es plus le Dieu des combats !

III.

LA VOIX HUMAINE.

A MADAME DE B....

Oui, je le crois quand je t'écoute,
L'harmonie est l'âme des cieux !
Et ces mondes flottans où s'élancent nos yeux
Sont suspendus sans chaîne à leur brillante voûte,
Réglés dans leur mesure et guidés dans leur route
    Par des accords mélodieux !

L'antiquité l'a dit : et souvent son génie
Entendit dans la nuit leur lointaine harmonie ;
Je l'entends près de toi ; ces astres du matin,
Qui sèment de leurs lis les sentiers de l'aurore,
Saturne, enveloppé de son anneau lointain,
Vénus, que sous leurs pas les ombres font éclore,
Ces phases, ces aspects, ces chœurs, ces nœuds divers,
Ces globes attirés, ces sphères cadencées,
Ces évolutions des soleils dans les airs
Sont les notes de feu par Dieu même tracées
    De ces mystérieux concerts !

Et pourquoi l'harmonie à ces globes de flamme
Ne peut-elle imposer ses ravissantes lois?
Quand tu peux, à ton gré, d'un accord de ta voix
Ralentir ou presser les mouvemens de l'âme,
Comme la corde d'or qui vibre sous tes doigts !
Quand tes chants, dans les airs s'exhalent en mesure,
   Coulent de soupir en soupir,
Comme des flots brillans d'une urne qui murmure,
   Sans s'altérer et sans tarir !

Quand tes accords, liés en notes accouplées,
Comme une chaîne d'or, par ses chaînons égaux,
Se déroulent sans fin en cadences perlées,
Sans qu'on puisse en briser les flexibles anneaux ;

Quand tes accords, vibrés en sons courts et rapides,
   Tombent de tes lèvres limpides,
   Comme autant de grains de cristal,
   Ou comme des perles solides,
   Qui résonnent sur le métal !

   Quand l'amour dans ta voix soupire ,
Quand la haine y gémit des coups qu'elle a frappés,
Quand frémit le courroux, quand la langueur expire,
Quand la douleur s'y brise en sons entrecoupés,
Quand ta voix s'amollit et lutte avec la lyre,
Ou que l'enthousiasme, empruntant tes accens,
Emporte jusqu'aux cieux, sur l'aile du délire,
   Mille âmes qui n'ont plus qu'un sens !

Notre oreille enchaînée au son qui la captive
Voudrait éterniser la note fugitive ;
Et l'âme palpitante asservie à tes chants,
Cette âme que ta voix possède tout entière,
   T'obéit comme la poussière
Obéit, dans l'orage, aux caprices des vents !

Comment l'air modulé par la fibre sonore
Peut-il créer en nous ces sublimes transports ?
Pourquoi le cœur suit-il un son qui s'évapore ?
Ah ! c'est qu'il est une âme au fond de ces accords !
   C'est que cette âme répandue
Dans chacun des accens par ta voix modulé,
Par la voix de nos cœurs est soudain répondue,
Avant que le doux son soit encore écoulé,
Et que, semblable au son qui dans un temple éveille
Mille échos assoupis qui parlent à la fois,
Ton âme, dont l'écho vibre dans chaque oreille,
   Va créer une âme pareille
   Partout où retentit ta voix !

Ah ! quand des nuits d'été l'ombre enfin rembrunie
Vient assoupir l'oreille et reposer les yeux,
Lorsque le rossignol enivré d'harmonie
Dort, et rend le silence aux bois mélodieux ;
Quand des astres du ciel, seul et fuyant la foule,
L'astre qui fait rêver se dégage à demi,
Et que l'œil amoureux suit le fleuve qui roule
Un disque renversé dans son flot endormi ;
Viens chanter sous le dôme où le cygne prélude,

Viens chanter aux lueurs des célestes flambeaux,
  Viens chanter pour la solitude :
Consacrés à la nuit, tes chants seront plus beaux!
Pour la foule et le jour ta voix est trop sublime ;
Réserve à la douleur tes airs les plus touchans,
N'exhale qu'à ton Dieu le souffle qui t'anime :
La plainte et la prière ont inventé les chants!

A ces sons plus puissans que la froide parole,
Dans l'œil humide encor tu vois les pleurs tarir,
Le regret s'attendrit, la douleur se console,
L'espérance descend, l'amertume s'envole,
Le cœur longtemps fermé s'ouvre par un soupir;
L'athée à son insu soulève sa paupière,
La bouche d'où jamais ne jaillit la prière
Murmure un nom divin pour la première fois,
Et des anges des nuits les voix mystérieuses,
Et les brûlans soupirs de ces âmes pieuses
Qu'ici-bas de la vie enchaine encor le poids,
  Sur des ailes mélodieuses
Au ciel qu'ouvrent tes chants, montent avec la voix !

IV.

POUR LE PREMIER JOUR DE L'ANNÉE.

  Des momens les heures sont nées,
  Et les heures forment les jours,
  Et les jours forment les années
  Dont le siècle grossit son cours!

Mais toi seul, ô mon Dieu, par siècles tu mesures
Ce temps qui sous tes mains coule éternellement!
L'homme compte par jours; tes courtes créatures
Pour naître et pour mourir ont assez d'un moment!

Combien de fois déjà les ai-je vus renaître
Ces ans si prompts à fuir, si prompts à revenir!
Combien en compterai-je encore? Un seul peut-être;
Plus le passé fut plein, plus vide est l'avenir!

Cependant les mortels, avec indifférence,
Laissent glisser les jours, les heures, les momens;
  L'ombre seule marque en silence
Sur le cadran rempli les pas muets du temps!
On l'oublie; et voilà que les heures fidèles,
  Sur l'airain ont sonné minuit,

Et qu'une année entière a replié ses ailes
     Dans l'ombre d'une seule nuit !

        De toutes les heures qu'affronte
        L'orgueilleux oubli du trépas,
        Et qui sur l'airain qui les compte
        En fuyant impriment leurs pas,
        Aucune à l'oreille insensible
        Ne sonne d'un glas plus terrible
        Que ce dernier coup de minuit,
        Qui, comme une borne fatale,
        Marque d'un suprême intervalle
        Le temps qui commence et qui fuit !

        Les autres s'éloignent et glissent
        Comme des pieds sur les gazons,
        Sans que leurs bruits nous avertissent
        Des pas nombreux que nous faisons ;
        Mais cette minute accomplie
        Jusqu'au cœur léger qui l'oublie
        Porte le murmure et l'effroi !
        Elle frémit à notre oreille,
        Et loin de l'homme qu'elle éveille
        S'envole et lui dit : Compte-moi !

        Compte-moi ! car Dieu m'a comptée
        Pour sa gloire et pour ton bonheur !
        Compte-moi ! je te fus prêtée,
        Et tu me devras au Seigneur !
        Compte-moi ! car l'heure sonnée

Emporte avec elle une année,
En amène une autre demain !
Compte-moi ! car le temps me presse !
Compte-moi ! car je fuis sans cesse
Et ne reviens jamais en vain !

Seigneur ! père des temps, maître des destinées !
Qui comptes comme un jour nos mille et mille années,
Et qui vois du sommet de ton éternité
Les jours qui ne sont plus, ceux qui n'ont pas été !
Toi qui sais d'un regard, avant qu'il ait eu l'être,
Quel fruit porte en son sein le siècle qui va naître !
Que m'apporte, ô mon Dieu, dans ses douteuses mains,
Ce temps qui fait l'espoir ou l'effroi des humains ?
A mes jours mélangés cette année ajoutée
Par l'amour et la grâce a-t-elle été comptée ?
Faut-il la saluer comme un présent de toi,
Ou lui dire en tremblant : Passe, et fuis loin de moi !
Les autres tour à tour ont passé les mains pleines
De désirs, de regrets, de larmes et de peines,
D'apparences sans corps trompant l'âme et les yeux,
De délices d'un jour et d'éternels adieux,
De fruits empoisonnés dont l'écorce perfide
Ne laissait dans mon cœur qu'une poussière aride !
Mon cœur leur demandait ce qu'elles n'avaient pas,
Et ma bouche à la fin disait toujours : Hélas !
Et qu'attendre de plus des siècles et du monde !
Je fondais sur le sable et je semais sur l'onde.
Il est temps, ô mon Dieu ! que mon cœur détrompé,
Et de ta seule image à jamais occupé,

Te consacre à toi seul ces rapides années
Par mille autres désirs si longtemps profanées,
Et de tenter enfin si des jours pleins de toi
Dont la lyre et l'autel seraient le seul emploi,
Dont l'étude et l'amour de tes saintes merveilles
Jusqu'au milieu des nuits prolongeraient les veilles,
Et dont l'humble prière en marquant les instans,
Chargerait d'un soupir chacun des pas du temps,
S'enfuiront loin de moi d'un vol aussi rapide,
Et laisseront mon âme aussi vaine, aussi vide
Que ce temps qui ne laisse en achevant son cours
Rien, qu'un chiffre de plus au nombre de mes jours!

  Bénis donc cette grande aurore
  Qui m'éclaire un nouveau chemin;
  Bénis en la faisant éclore
  L'heure que tu tiens dans ta main!
  Si nos ans ont aussi leur germe
  Dans cette heure qui le renferme,
  Bénis la suite de mes ans!
  Comme sur tes tables propices
  Tu consacrais dans leurs prémices
  La terre et les fruits de nos champs!

  Que chaque instant, chaque minute
  Te prie et te loue avec moi!
  Que le sablier dans sa chute
  Entraine ma pensée à toi!
  Qu'un soupir à chaque seconde
  De mon cœur s'élève et réponde;

Que chaque aurore en remontant,
Chaque nuit en pliant son aile,
Te dise : Toute heure est fidèle,
Compte ta gloire en les comptant !

Mais si des jours que tu fais naître
Chaque instant me reporte à toi,
Toi, dont la pensée est mon être,
Souviens-toi sans cesse de moi !
Donne-moi ce que le pilote
Sur l'abime où sa barque flotte
Te demande pour aujourd'hui !
Un flot calme, un vent dans sa voile,
Toujours sur sa tête une étoile
Une espérance devant lui !

Presse à ton gré, ralentis l'ombre
Qui mesure nos courts instans !
Ajoute ou retranche le nombre
Que ton doigt impose à nos ans !
Ne l'augmente pas d'une aurore !
Le grain sait quand il doit éclore,
L'épi sait quand il faut mûrir !
Un jour le flétrirait peut-être.
Seul tu savais l'heure de naître,
Seul tu sais l'heure de mourir !

Qu'enfin sur l'éternelle plage
Où l'on comprend le mot Toujours !
Je touche, porté sans orage

Par le flux expirant des jours,
Comme un homme que le flot pousse
Vient d'un pied toucher sans secousse
La marche solide du port,
Et de l'autre, loin de la rive,
Repousse à l'onde qui dérive
L'esquif qui l'a conduit au bord !

v.

LA TRISTESSE.

L'âme triste est pareille
Au doux ciel de la nuit,
Quand l'astre qui sommeille
De la voûte vermeille
A fait tomber le bruit ;

Plus pure et plus sonore,
On y voit sur ses pas
Mille étoiles éclore,
Qu'à l'éclatante aurore
On n'y soupçonnait pas !

Des îles de lumière
Plus brillante qu'ici,
Et des mondes derrière,
Et des flots de lumière
Qui sont mondes aussi !

On entend dans l'espace
Les chœurs mystérieux,
Ou du ciel qui rend grâce,

Ou de l'ange qui passe,
Ou de l'homme pieux!

Et pures étincelles
De nos âmes de feu,
Les prières mortelles
Sur leurs brûlantes ailes
Nous soulèvent un peu!

Tristesse qui m'inonde,
Coule donc de mes yeux,
Coule comme cette onde
Où la terre féconde
Voit un présent des cieux!

Et n'accuse point l'heure
Qui te ramène à Dieu!
Soit qu'il naisse ou qu'il meure,
Il faut que l'homme pleure
Ou l'exil, ou l'adieu!

v.

AU ROSSIGNOL.

Quand ta voix céleste prélude
Aux silences des belles nuits,
Barde ailé de ma solitude,
Tu ne sais pas que je te suis!

Tu ne sais pas que mon oreille,
Suspendue à ta douce voix,
De l'harmonieuse merveille
S'enivre longtemps sous les bois!

Tu ne sais pas que mon haleine
Sur mes lèvres n'ose passer,
Que mon pied muet foule à peine
La feuille qu'il craint de froisser!

Et qu'enfin un autre poète
Dont la lyre a moins de secrets,
Dans son âme envie et répète
Ton hymne nocturne aux forêts!

Mais si l'astre des nuits se penche
Aux bords des monts pour t'écouter,
Tu te caches de branche en branche
Au rayon qui vient y flotter.

Et si la source qui repousse
L'humble caillou qui l'arrêtait,
Élève une voix sous la mousse,
La tienne se trouble et se tait!

Ah! ta voix touchante ou sublime
Est trop pure pour ce bas lieu!
Cette musique qui t'anime
Est un instinct qui monte à Dieu!

Tes gazouillemens, ton murmure,
Sont un mélange harmonieux
Des plus doux bruits de la nature,
Des plus vagues soupirs des cieux!

Ta voix, qui peut-être s'ignore,
Est la voix du bleu firmament,
De l'arbre, de l'antre sonore,
Du vallon sous l'ombre dormant!

Tu prends les sons que tu recueilles
Dans les gazouillemens des flots,
Dans les frémissemens des feuilles,
Dans les bruits mourans des échos;

Dans l'eau qui filtre goutte à goutte
Du rocher nu dans le bassin,
Et qui résonne sous sa voûte
En ridant l'azur de son sein;

Dans les voluptueuses plaintes
Qui sortent la nuit des rameaux,
Dans les voix des vagues éteintes,
Sur le sable ou dans les roseaux !

Et de ces doux sons où se mêle
L'instinct céleste qui t'instruit,
Dieu fit ta voix, ô Philomèle !
Et tu fais ton hymne à la nuit !

Ah ! ces douces scènes nocturnes,
Ces pieux mystères du soir,
Et ces fleurs qui penchent leurs urnes
Comme l'urne d'un encensoir,

Ces feuilles où tremblent des larmes,
Ces fraîches haleines des bois,
O nature ! avaient trop de charmes
Pour n'avoir pas aussi leur voix !

Et cette voix mystérieuse,
Qu'écoutent les anges et moi,
Ce soupir de la nuit pieuse,
Oiseau mélodieux, c'est toi !

Oh! mêle ta voix à la mienne!
La même oreille nous entend,
Mais ta prière aérienne
Monte mieux au ciel qui l'attend!

Elle est l'écho d'une nature
Qui n'est qu'amour et pureté,
Le brûlant et divin murmure,
L'hymne flottant des nuits d'été!

Et nous, dans cette voix sans charmes,
Qui gémit en sortant du cœur,
On sent toujours trembler des larmes,
Ou retentir une douleur!

VII.

HYMNE DE L'ANGE DE LA TERRE

APRÈS LA DESTRUCTION DU GLOBE.

La terre n'était plus qu'une tombe fermée ;
Masse informe et muette, éteinte, inanimée
Elle flottait au rang qu'elle avait occupé,
Comme un vaisseau muet que la foudre a frappé,
Quand la main qui le guide est tombée en poussière,
Suit encore un moment sa rapide carrière,
Puis chancelle et s'arrête, et de ses flancs déserts
Ne rend plus qu'un son creux au sourd roulis des mers :
La vie, en remontant à sa source suprême,
La vie avait quitté jusqu'aux élémens même ;
Le dernier des vivans d'où son souffle avait fui
Était mort; et la terre était morte avec lui,
Morte avec tous ses fruits, morte avec tout leur germe,
Morte avec chaque loi que chaque règne enferme,
Morte avec tous ses bruits et tous ses monumens,
Avec tous ses instincts et tous ses sentimens ;
Morte avec tous ses feux éteints dans ses abîmes,
Morte avec ses vapeurs retombant de ses cimes,
Morte avec tous ses vents; et son silence seul
L'enveloppait partout comme un morne linceul.

Un soleil sans rayons de ses reflets funèbres
Ne pouvait que pâlir ces flottantes ténèbres;
Rien n'y réfléchissait l'aurore ni le soir :
Tel dans un œil éteint qui ne peut plus la voir,
La clarté d'un flambeau tombe en vain ; la paupière
Comme un miroir terni change en nuit la lumière.
C'était un point obscur dans le vide de l'air,
Un cadavre flottant sur les flots de l'éther ;
Et l'esprit du Seigneur, en traversant l'espace,
Avec crainte et dégoût s'éloignait de sa trace ;
Mais semblable à l'amour qui survit au trépas,
Un seul ange du moins ne l'abandonnait pas.
C'était ce grand esprit, cette âme universelle,
Qui vivait, qui sentait, qui végétait pour elle ;
Être presque divin dont elle était le corps,
Qui de sa masse inerte agitait les ressorts
Dont l'homme avait nié l'intelligence obscure,
Ou que, sans la comprendre, il nommait la nature.
Quand elle eut accompli ses destins et ses lois,
L'Esprit avait repris sa forme d'autrefois.

De céleste et d'humain harmonieux mélange,
C'était un homme avec les ailes d'un archange ;
Mais un homme agrandi, sublime, colossal,
De cet être déchu type primordial,
Du Dieu qui le créa première et grande image,
Assis sur un coteau de ce divin rivage,
Où jadis Parthénope avait devant ses yeux
Réfléchi dans les mers comme un morceau des cieux ;
Lieux chers à ses regards, lieux que sa main féconde

Se plaisait à parer comme un jardin du monde,
Et de l'ombre des monts, et de l'azur des mers,
Et de l'éclat du ciel, et du parfum des airs ;
Ses pieds pendaient d'en haut sur un immense abîme
Dont l'écume des flots avait rongé la cime ;
Lieux vides maintenant de lumière et de bruit,
D'où ne remontait plus que silence et que nuit.
Son coude s'appuyait sur la crête aplatie
De ce mont qui, jetant la cendre et l'incendie,
Secouait de ses flancs les hameaux ébranlés :
Ses flancs vides rendaient des sons creux et fêlés.

Ses blancs cheveux tombant comme une neige épaisse,
Contemporains du globe, annonçaient sa vieillesse ;
Mais les membres nerveux de cet enfant du ciel
Laissaient dans le vieillard deviner l'immortel.
De ses deux larges mains il couvrait son visage.
Pareilles par leur masse à des gouttes d'orage,
Des larmes, de ses yeux vainement essuyés,
Ruisselaient dans ses doigts, et pleuvaient à ses piés.
Il comprimait en vain cette angoisse divine ;
On entendait de loin gronder dans sa poitrine
Le bruit sourd et plaintif de ses vastes sanglots,
Et des cris étouffés qu'entrecoupaient ces mots :

  Est-ce toi, terre inanimée ?
Est-ce toi que j'ai vue, hélas ! il n'est qu'un jour ?
Des doigts de Jéhova t'élancer enflammée
  Comme une étincelle allumée
  Au foyer de vie et d'amour ?

Les étoiles tes sœurs pâlirent
De honte et de ravissement ;
Tu passas dans le ciel et les astres jaillirent,
Et les vagues d'azur sous ton poids s'assouplirent
　　Pour bercer ton globe écumant !

　　Sur ton front qui venait d'éclore
Ta lune et ton soleil combattaient de clarté ;
Plus pur que ton midi, plus doux que ton aurore,
Le regard de ton Dieu te vêtissait encore
　　De vie et d'immortalité !

Quels destins tu portais ? — Étouffés dans leur germe,
Que d'êtres immortels ton sein devait nourrir !
Où sont-ils ? Est-il vrai ? ce peu de cendre enferme
　　Ce qui ne dut jamais mourir ?
Et d'une étoile, hélas ! tu n'es plus que la cendre,
Que le noyau d'un fruit que le ver a rongé,
　　Qu'un rocher qui va se fendre
　　Dans le feu qui l'a jugé !

Ah ! pleurez avec moi, planètes ses compagnes,
Étoiles qui semiez ses tentes de mille yeux,
Soleils dont les rayons vêtissaient ses campagnes,
Nuages qui jetiez l'ombre sur ses montagnes :
　　Pleurez ! la mort est dans les cieux !

　　Quand tu flottais comme un navire
Dans l'écume de feu de l'aurore ou du soir,
Quand tes mers, se gonflant comme un sein qui respire,

Venaient lécher du flot le bord qui les attire
Et polir sous tes caps leur onduleux miroir !
Miroir où tes tableaux que ridait le zéphyre
Brillaient et s'effaçaient comme un léger sourire
Que l'œil voudrait fixer et ne fait qu'entrevoir !

Quand tes cimes portaient le palais des nuages,
Et que, fendant soudain leur cintre divisé,
Les rayons se mêlant aux lueurs des orages,
  Sur les flancs des rochers sauvages
  Ruisselaient de plages en plages,
Comme un éclair perçant sous un dôme brisé ;
Quand ce jour faux et teint d'une couleur qui change,
  Flottant au gré de l'aquilon,
Comme un reflet de feu des ailes d'un archange,
Glissait en colorant ton magique horizon,
Et frappant tour à tour ta crête ou tes abîmes,
Faisait étinceler tes neiges sur tes cimes,
Tes cascades pleuvant dans leurs gouffres poudreux,
Tes hameaux blanchissant sur un fond ténébreux,
Tes fleuves engouffrés sous leur arche arrondie,
Et tes mers écumant comme un vaste incendie,
Et les toits des cités resplendissant de feux !

Oh ! qui pouvait te voir sans palpiter d'extase,
Sans tomber à genoux devant ton créateur ?
Oh ! qui pourrait te voir sans qu'un poids ne l'écrase,
Un poids comme le mien, de honte et de malheur ?

Que d'êtres animait ton âme intarissable,

Depuis l'humble fourmi dans ses cités de sable
Jusqu'à l'aigle du ciel qui dormait sur le vent !
Dans tes jeux infinis que de force et de grâce,
Depuis le cygne blanc qui vogue sur la trace
      Du cygne sur l'onde glissant,
Depuis le doux ramier dont le cou s'entrelace
      Au cou du ramier gémissant,
Depuis le paon superbe où l'aube peint sa roue,
Depuis le lévrier dont les flancs sont la proue,
Depuis le fier coursier au cœur obéissant,
Jusqu'au lourd éléphant, tour vivante et mobile
Que la voix d'un enfant par l'amour rend docile,
      Jusqu'au lion frémissant
Qui d'un ongle courbé creuse en vain la poussière,
Fait dans ses sourds naseaux rugir l'air menaçant,
Et de son cou gonflé secouant la crinière,
Renvoie obliquement l'éclair de la lumière
      Et n'a dans sa paupière
      Que des feux et du sang !

      Et quelle vaste intelligence
S'élevait par degrés de la terre au Seigneur,
Depuis l'instinct grossier de la brute existence,
Depuis l'aveugle soif du terrestre bonheur,
Jusqu'à l'âme qui loue, et qui prie, et qui pense,
      Jusqu'au soupir d'un cœur,
Qu'emporte d'un seul trait l'immortelle espérance
      Au sein de son auteur !

O race aveugle ! ô race à sa perte obstinée !

Hommes qui n'avez rien conquis que le trépas !
      Qu'aviez-vous à faire ici-bas ?
Jouir, aimer, bénir, c'était leur destinée !
L'ange enviait leur sort, il ne leur suffit pas !

    Et le voilà, cet enfant de lumière !
    Et le voilà, cet héritier des cieux !
Pas un souffle, un soupir ! muet comme la pierre !
      Et toute cette poussière
      Se crut une fois des dieux !

Il dit ; et remontant aux voûtes éternelles,
Il secoua de loin la poudre de ses ailes,
Pour la revoir encore une fois s'abaissa,
Puis son ombre divine à jamais s'effaça.

VIII.

LE SOLITAIRE.

HYMNE.

L'aube sur le rocher lance un trait de lumière,
L'oiseau chante avant moi : Béni soit le Seigneur !
    Ce nom est plus tôt dans mon cœur
    Que le jour n'est dans ma paupière !

Je disais autrefois : Que ferai-je aujourd'hui ?
Et la gloire, et l'amour, et mes vaines pensées
Disputaient au réveil mes heures insensées ;
Mais le cœur me disait : Tous les jours sont à lui !

Tous mes jours maintenant sont à lui dès l'aurore,
    Ils sont à lui jusqu'au sommeil,
Celui dans qui mon cœur se lève à mon réveil,
Mon cœur en s'endormant, en lui se couche encore !
Je ne me souviens plus quel sens avaient ces mots :
Amour qu'use le temps, gloire qu'un jour efface,
Espoir qui nous trahit, volupté qui nous lasse,
Ils n'ont pas dans mon âme imprimé plus de trace
    Que le nuage sur les flots !
Ils sont à mon oreille une langue étrangère

Qu'on entend résonner et qu'on ne comprend pas ;
Et j'ai même oublié l'impression légère
Qu'ils faisaient sur mon cœur quand j'étais d'ici-bas !

Ah ! qu'une seule idée à sa source élancée
Fait franchir de distance à l'âme qui la suit !
Qu'un seul rayon d'en haut éclaire de pensée !
Le jour diffère moins des ombres de la nuit,
Et le couchant, Seigneur, est moins loin de l'aurore,
   Que l'âme qui t'adore
   De l'âme qui te fuit !

Depuis que des mortels abandonnant la scène,
J'ai rejeté le pain dont leurs cœurs sont nourris,
Mes cheveux ont blanchi comme le tronc du chêne,
En rides sur mon front mes jours se sont écrits !
Et les ans, lourds anneaux ajoutés à ma chaîne,
Ont courbé sous leur poids mes membres amaigris.
Mais je n'ai pas compté combien de fois la terre
A respiré d'en haut le souffle du printemps !
 Combien de fois sur mon roc solitaire
L'aigle a changé sa plume et le chêne ses glands !
A mon âme, ô mon Dieu, de toi seul possédée,
Que sert un temps écrit ? que sert un jour compté ?
Tous les temps n'ont qu'un jour à qui n'a qu'une idée,
Celui qui vit en toi date en éternité !

  Le silence et la solitude
   De leur rouille ont usé mes sens,
Mon oreille des sons a perdu l'habitude,

Ma bouche pour parler cherche en vain des accens;
  Mon corps, courbé par la prière,
Insensible au soleil, aux hivers endurci,
  Est aussi rude que la pierre
  Que mes pieds nus foulent ici!

Mais le sens qui t'adore a grandi dans mon âme,
C'est le seul désormais dont ma vie ait besoin;
Il voit, il sent, il touche, il entend, il proclame
Les choses de plus haut et son Dieu de plus loin!
Pour s'élever à toi mon aile est plus rapide,
Mon esprit plus muet en toi s'anéantit!
  Ainsi plus le temple est vide,
  Plus l'écho sacré retentit!

IX.

ÉTERNITÉ DE LA NATURE, BRIÈVETÉ DE L'HOMME.

CANTIQUE.

Roulez dans vos sentiers de flamme,
Astres, rois de l'immensité !
Insultez, écrasez mon âme
Par votre presque éternité !
Et vous, comètes vagabondes,
Du divin océan des mondes
Débordement prodigieux,
Sortez des limites tracées,
Et révélez d'autres pensées
De Celui qui pensa les cieux !

Triomphe, immortelle nature,
A qui la main pleine de jours
Prête des forces sans mesure,
Des temps qui renaissent toujours !
La mort retrempe ta puissance ;
Donne, ravis, rends l'existence
A tout ce qui la puise en toi ;
Insecte éclos de ton sourire,

Je nais, je regarde et j'expire,
Marche et ne pense plus à moi!

Vieil océan, dans tes rivages
Flotte comme un ciel écumant,
Plus orageux que les nuages,
Plus lumineux qu'un firmament!
Pendant que les empires naissent,
Grandissent, tombent, disparaissent
Avec leurs générations,
Dresse tes bouillonnantes crêtes,
Bats ta rive, et dis aux tempêtes :
Où sont les nids des nations?

Toi qui n'es pas lasse d'éclore
Depuis la naissance des jours,
Lève-toi, rayonnante aurore,
Couche-toi, lève-toi toujours!
Réfléchissez ses feux sublimes,
Neige éclatante de ces cimes,
Où le jour descend comme un roi!
Brillez, brillez pour me confondre;
Vous qu'un rayon du jour peut fondre,
Vous subsisterez plus que moi!

Et toi qui t'abaisse et t'élève
Comme la poudre des chemins,
Comme les vagues sur la grève,
Race innombrable des humains,
Survis au temps qui me consume,

Engloutis-moi dans ton écume,
Je sens moi-même mon néant;
Dans ton sein qu'est-ce qu'une vie?
Ce qu'est une goutte de pluie
Dans les bassins de l'Océan!

Vous mourez pour renaître encore,
Vous fourmillez dans vos sillons!
Un souffle du soir à l'aurore
Renouvelle vos tourbillons!
Une existence évanouie
Ne fait pas baisser d'une vie
Le flot de l'être toujours plein;
Il ne vous manque quand j'expire,
Pas plus qu'à l'homme qui respire
Ne manque un souffle de son sein!

Vous allez balayer ma cendre;
L'homme ou l'insecte en renaîtra!
Mon nom brûlant de se répandre
Dans le nom commun se perdra;
Il fut! voilà tout! bientôt même
L'oubli couvre ce mot suprême,
Un siècle ou deux l'auront vaincu!
Mais vous ne pouvez, ô nature!
Effacer une créature;
Je meurs! qu'importe? j'ai vécu!

Dieu m'a vu! le regard de vie
S'est abaissé sur mon néant,

Votre existence rajeunie
A des siècles, j'eus mon instant!
Mais dans la minute qui passe
L'infini de temps et d'espace
Dans mon regard s'est répété!
Et j'ai vu dans ce point de l'être
La même image m'apparaître
Que vous dans votre immensité!

Distances incommensurables,
Abîmes des monts et des cieux,
Vos mystères inépuisables
Se sont révélés à mes yeux!
J'ai roulé dans mes vœux sublimes
Plus de vagues que tes abîmes
N'en roulent, ô mer en courroux!
Et vous, soleils aux yeux de flamme,
Le regard brûlant de mon âme
S'est élevé plus haut que vous!

De l'Être universel, unique,
La splendeur dans mon ombre a lui,
Et j'ai bourdonné mon cantique
De joie et d'amour devant lui!
Et sa rayonnante pensée
Dans la mienne s'est retracée,
Et sa parole m'a connu!
Et j'ai monté devant sa face,
Et la nature m'a dit : Passe ;
Ton sort est sublime, il t'a vu!

Vivez donc vos jours sans mesure !
Terre et ciel ! céleste flambeau !
Montagnes, mers, et toi, nature,
Souris longtemps sur mon tombeau !
Effacé du livre de vie,
Que le néant même m'oublie !
J'admire et ne suis point jaloux !
Ma pensée a vécu d'avance,
Et meurt avec une espérance
Plus impérissable que vous !

X.

LE PREMIER REGRET.

ÉLÉGIE.

Sur la plage sonore où la mer de Sorrente
Déroule ses flots bleus, aux pieds de l'oranger
Il est, près du sentier, sous la haie odorante,
Une pierre petite, étroite, indifférente
    Aux pas distraits de l'étranger !

La giroflée y cache un seul nom sous ses gerbes,
Un nom que nul écho n'a jamais répété !
Quelquefois seulement le passant arrêté,
Lisant l'âge et la date en écartant les herbes,
Et sentant dans ses yeux quelques larmes courir,
Dit : Elle avait seize ans ! c'est bien tôt pour mourir !

Mais pourquoi m'entraîner vers ces scènes passées ?
Laissons le vent gémir et le flot murmurer ;
Revenez, revenez, ô mes tristes pensées !
    Je veux rêver et non pleurer !

Dit : Elle avait seize ans ! —Oui, seize ans ! et cet âge
N'avait jamais brillé sur un front plus charmant !

Et jamais tout l'éclat de ce brûlant rivage
Ne s'était réfléchi dans un œil plus aimant !
Moi seul, je la revois, telle que la pensée
Dans l'âme où rien ne meurt, vivante l'a laissée,
Vivante ! comme à l'heure où les yeux sur les miens,
Prolongeant sur la mer nos premiers entretiens,
Ses cheveux noirs livrés au vent qui les dénoue,
Et l'ombre de la voile errante sur sa joue,
Elle écoutait le chant du nocturne pêcheur,
De la brise embaumée aspirait la fraîcheur,
Me montrait dans le ciel la lune épanouie,
Comme une fleur des nuits dont l'aube est réjouie,
Et l'écume argentée ; et me disait : Pourquoi
Tout brille-t-il ainsi dans les airs et dans moi ?
Jamais ces champs d'azur semés de tant de flammes,
Jamais ces sables d'or où vont mourir les lames,
Ces monts dont les sommets tremblent au fond des cieux,
Ces golfes couronnés de bois silencieux,
Ces lueurs sur la côte, et ces chants sur les vagues,
N'avaient ému mes sens de voluptés si vagues !
Pourquoi comme ce soir n'ai-je jamais rêvé ?
Un astre dans mon cœur s'est-il aussi levé ?
Et toi, fils du matin ! dis, à ces nuits si belles
Les nuits de ton pays, sans moi, ressemblaient-elles ?
Puis regardant sa mère assise auprès de nous,
Posait pour s'endormir son front sur ses genoux.

Mais pourquoi m'entraîner vers ces scènes passées ?
Laissons le vent gémir et le flot murmurer ;
Revenez, revenez, ô mes tristes pensées !

HARMONIES.

Je veux rêver et non pleurer!

Que son œil était pur, et sa lèvre candide!
Que son ciel inondait son âme de clarté!
Le beau lac de Némi qu'aucun souffle ne ride
A moins de transparence et de limpidité!
Dans cette âme, avant elle, on voyait ses pensées,
Ses paupières, jamais sur ses beaux yeux baissées,
Ne voilaient son regard d'innocence rempli,
Nul souci sur son front n'avait laissé son pli;
Tout folâtrait en elle : et ce jeune sourire
Qui plus tard sur la bouche avec tristesse expire,
Sur sa lèvre entr'ouverte était toujours flottant
Comme un pur arc-en-ciel sur un jour éclatant!
Nulle ombre ne voilait ce ravissant visage,
Ce rayon n'avait pas traversé de nuage!
Son pas insouciant, indécis, balancé,
Flottait comme un flot libre où le jour est bercé,
Ou courait pour courir; et sa voix argentine,
Écho limpide et pur de son âme enfantine,
Musique de cette âme où tout semblait chanter,
Égayait jusqu'à l'air qui l'entendait monter!

Mais pourquoi m'entraîner vers ces scènes passées?
Laissez le vent gémir et le flot murmurer;
Revenez, revenez, ô mes tristes pensées!
  Je veux rêver et non pleurer!

Mon image en son cœur se grava la première,
Comme dans l'œil qui s'ouvre, au matin, la lumière;

Elle ne regarda plus rien après ce jour ;
De l'heure qu'elle aima, l'univers fut amour !
Elle me confondait avec sa propre vie,
Voyait tout dans mon âme ; et je faisais partie
De ce monde enchanté qui flottait sous ses yeux,
Du bonheur de la terre et de l'espoir des cieux.
Elle ne pensait plus au temps, à la distance,
L'heure seule absorbait toute son existence ;
Avant moi cette vie était sans souvenir,
Un soir de ces beaux jours était tout l'avenir !
Elle se confiait à la douce nature
Qui souriait sur nous ; à la prière pure
Qu'elle allait, le cœur plein de joie, et non de pleurs,
A l'autel qu'elle aimait répandre avec ses fleurs :
Et sa main m'entraînait aux marches de son temple,
Et comme un humble enfant, je suivais son exemple,
Et sa voix me disait tout bas : Prie avec moi !
Car je ne comprends pas le ciel même sans toi !

Mais pourquoi m'entraîner vers ces scènes passées ?
Laissez le vent gémir et le flot murmurer ;
Revenez, revenez, ô mes tristes pensées !
    Je veux rêver et non pleurer !

Voyez, dans son bassin, l'eau d'une source vive
S'arrondir comme un lac sous son étroite rive,
Bleue et claire, à l'abri du vent qui va courir
Et du rayon brûlant qui pourrait la tarir !
Un cygne blanc nageant sur la nappe limpide,
En y plongeant son cou qu'enveloppe la ride,

Orne sans le ternir le liquide miroir,
Et s'y berce au milieu des étoiles du soir;
Mais si, prenant son vol vers des sources nouvelles,
Il bat le flot tremblant de ses humides ailes,
Le ciel s'efface au sein de l'onde qui brunit,
La plume à grands flocons y tombe, et la ternit,
Comme si le vautour, ennemi de sa race,
De sa mort sur les flots avait semé la trace;
Et l'azur éclatant de ce lac enchanté
N'est plus qu'une onde obscure où le sable a monté!
Ainsi, quand je partis, tout trembla dans cette âme;
Le rayon s'éteignit; et sa mourante flamme
Remonta dans le ciel pour n'en plus revenir;
Elle n'attendit pas un second avenir,
Elle ne languit pas de doute en espérance,
Et ne disputa pas sa vie à la souffrance;
Elle but d'un seul trait le vase de douleur,
Dans sa première larme elle noya son cœur!
Et, semblable à l'oiseau, moins pur et moins beau qu'elle,
Qui le soir pour dormir met son cou sous son aile,
Elle s'enveloppa d'un muet désespoir,
Et s'endormit aussi; mais, hélas! loin du soir!

Mais pourquoi m'entraîner vers ces scènes passées?
Laissons le vent gémir et le flot murmurer;
Revenez, revenez, ô mes tristes pensées!
    Je veux rêver et non pleurer!

Elle a dormi quinze ans dans sa couche d'argile,
Et rien ne pleure plus sur son dernier asile;

Et le rapide oubli, second linceul des morts,
A couvert le sentier qui menait vers ces bords ;
Nul ne visite plus cette pierre effacée,
Nul n'y songe et n'y prie !... excepté ma pensée,
Quand, remontant le flot de mes jours révolus,
Je demande à mon cœur tous ceux qui n'y sont plus !
Et que, les yeux flottans sur de chères empreintes,
Je pleure dans mon ciel tant d'étoiles éteintes !
Elle fut la première, et sa douce lueur
D'un jour pieux et tendre éclaire encor mon cœur !

Mais pourquoi m'entraîner vers ces scènes passées ?
Laissez le vent gémir et le flot murmurer ;
Revenez, revenez, ô mes tristes pensées !
  Je veux rêver et non pleurer !

Un arbuste épineux, à la pâle verdure,
Est le seul monument que lui fit la nature ;
Battu des vents de mer, du soleil calciné,
Comme un regret funèbre au cœur enraciné,
Il vit dans le rocher sans lui donner d'ombrage ;
La poudre du chemin y blanchit son feuillage ;
Il rampe près de terre, où ses rameaux penchés,
Par la dent des chevreaux sont toujours retranchés ;
Une fleur, au printemps, comme un flocon de neige,
Y flotte un jour ou deux ; mais le vent qui l'assiége
L'effeuille avant qu'elle ait répandu son odeur,
Comme la vie, avant qu'elle ait charmé le cœur !
Un oiseau de tendresse et de mélancolie
S'y pose pour chanter sur le rameau qui plie !

Oh! dis, fleur que la vie a fait si tôt flétrir,
N'est-il pas une terre où tout doit refleurir?

Remontez, remontez à ces heures passées!
Vos tristes souvenirs m'aident à soupirer!
Allez où va mon âme! allez, ô mes pensées,
      Mon cœur est plein, je veux pleurer!

XI.

NOVISSIMA VERBA,

ou

MON AME EST TRISTE JUSQU'A LA MORT!

La nuit roule en silence autour de nos demeures
Sur les vagues du ciel la plus noire des heures ;
Nul rayon sur mes yeux ne pleut du firmament,
Et la brise n'a plus même un gémissement,
Une plainte qui dise à mon âme aussi sombre :
Quelque chose avec toi meurt et se plaint dans l'ombre!
Je n'entends au dehors que le lugubre bruit
Du balancier qui dit : Le temps marche et te fuit !
Au dedans, que le pouls, balancier de la vie,
Dont les coups inégaux, dans ma tempe engourdie,
M'annoncent sourdement que le doigt de la mort
De la machine humaine a pressé le ressort,
Et que, semblable au char qu'un coursier précipite,
C'est pour mieux se briser qu'il s'élance plus vite !

———

Et c'est donc là le terme! — Ah! s'il faut une fois
Que chaque homme à son tour élève enfin la voix,

C'est alors! c'est avant qu'une terre glacée
Engloutisse avec lui sa dernière pensée!
C'est à cette heure même, où prête à s'exhaler,
Toute âme a son secret qu'elle veut révéler,
Son mot à dire au monde, à la mort, à la vie,
Avant que pour jamais, éteinte, évanouie,
Elle n'ait disparu, comme un feu de la nuit
Qui ne laisse après soi ni lumière ni bruit!
Que laissons-nous, ô vie, hélas! quand tu t'envoles?
Rien, que ce léger bruit des dernières paroles,
Court écho de nos pas, pareil au bruit plaintif
Que fait en palpitant la voile de l'esquif,
Au murmure d'une eau courante et fugitive,
Qui gémit sur sa pente, et se plaint à sa rive;
Ah! donnons-nous du moins ce charme consolant
D'entendre murmurer ce souffle en l'exhalant!
Parlons! puisqu'un vain son que suit un long silence
Est le seul monument de toute une existence,
La pierre qui constate une vie ici-bas!
Comme ces marbres noirs qu'on élève au trépas,
Dans ces champs, du cercueil solitaire domaine,
Qui marquent d'une date une poussière humaine,
Et disent à notre œil de néant convaincu :
Un homme a passé là! cette argile a vécu!

Paroles, faible écho qui trompez le génie!
Enfantement sans fruit! douloureuse agonie
De l'âme consumée en efforts impuissans,

Qui veut se reproduire au moins dans ses accens,
Et qui, lorsqu'elle croit contempler son image,
Vous voit évanouir en fumée, en nuage !
Ah ! du moins aujourd'hui servez mieux ma douleur !
Condensez-vous, semblable à l'ardente vapeur
Qui s'élevant le soir des sommets de la terre,
Se condense en nuée et jaillit en tonnerre ;
Comme l'eau des torrens, parole, amasse-toi !
Afin de révéler ce qui s'agite en moi !
Pour dire à cet abîme appelé vie ou tombe,
A la nuit d'où je sors, à celle où je retombe,
A ce je ne sais quoi qui m'envie un instant ;
Pour lui dire à mon tour, sans savoir s'il m'entend :
Et moi je passe aussi parmi l'immense foule
D'êtres créés, détruits, qui devant toi s'écoule ;
J'ai vu, pensé, senti, souffert, et je m'en vais,
Ébloui d'un éclair qui s'éteint pour jamais,
Et saluant d'un cri d'horreur ou d'espérance
La rive que je quitte et celle où je m'élance,
Comme un homme jugé, condamné sans retour
A se précipiter du sommet d'une tour,
Au moment formidable où son pied perd la cime,
D'un cri de désespoir remplit du moins l'abîme !

———

J'ai vécu ; c'est-à-dire à moi-même inconnu
Ma mère en gémissant m'a jeté faible et nu ;
J'ai compté dans le ciel le coucher et l'aurore
D'un astre qui descend pour remonter encore,

Et dont l'homme qui s'use à les compter en vain
Attend, toujours trompé, toujours un lendemain ;
Mon âme a, quelques jours, animé de sa vie
Un peu de cette fange à ces sillons ravie,
Qui répugnait à vivre et tendait à la mort,
Faisait pour se dissoudre un éternel effort,
Et que par la douleur je retenais à peine ;
La douleur ! nœud fatal, mystérieuse chaîne,
Qui dans l'homme étonné réunit pour un jour
Deux natures luttant dans un contraire amour,
Et dont chacune à part serait digne d'envie,
L'une dans son néant et l'autre dans sa vie,
Si la vie et la mort ne sont pas même, hélas !
Deux mots créés par l'homme et que Dieu n'entend pas !
Maintenant ce lien que chacun d'eux accuse,
Prêt à se rompre enfin sous la douleur qui l'use,
Laisse s'évanouir comme un rêve léger
L'inexplicable tout qui veut se partager ;
Je ne tenterai pas d'en renouer la trame,
J'abandonne à leur chance et mes sens et mon âme :
Qu'ils aillent où Dieu sait, chacun de leur côté.
Adieu, monde fuyant ! nature, humanité,
Vaine forme de l'être, ombre d'un météore,
Nous nous connaissons trop pour nous tromper encore !

Oui, je te connais trop, ô vie ! et j'ai goûté
Tous tes flots d'amertume et de félicité,
Depuis les doux flocons de la brillante écume

Qui nage aux bords dorés de ta coupe qui fume,
Quand l'enfant enivré lui sourit et croit voir
Une immortalité dans l'aurore et le soir,
Ou que brisant ses bords contre sa dent avide
Le jeune homme d'un trait la savoure et la vide
Jusqu'à la lie épaisse et fade, que le temps
Dépose au fond du vase, et mêle aux flots restans;
Quand de sa main tremblante un vieillard la soulève
Et par seule habitude en répugnant l'achève;
Tu n'es qu'un faux sentier qui retourne à la mort!
Un fleuve qui se perd au sable dont il sort,
Une dérision d'un être habile à nuire,
Qui s'amuse sans but à créer pour détruire,
Et qui de nous tromper se fait un divin jeu!
Ou plutôt, n'es-tu pas une échelle de feu
Dont l'échelon brûlant s'attache au pied qui monte,
Et qu'il faut cependant que tout mortel affronte?

―――

Que tu sais bien dorer ton magique lointain!
Qu'il est beau l'horizon de ton riant matin!
Quand le premier amour et la fraîche espérance
Nous entr'ouvrent l'espace où notre âme s'élance
N'emportant avec soi qu'innocence et beauté,
Et que d'un seul objet notre cœur enchanté
Dit comme Roméo : « Non, ce n'est pas l'aurore!
« Aimons toujours! l'oiseau ne chante pas encore! »
Tout le bonheur de l'homme est dans ce seul instant;
Le sentier de nos jours n'est vert qu'en le montant!

De ce point de la vie où l'on en sent le terme,
On voit s'évanouir tout ce qu'elle renferme ;
L'espérance reprend son vol vers l'orient ;
On trouve au fond de tout le vide et le néant ;
Avant d'avoir goûté l'âme se rassasie ;
Jusque dans cet amour qui peut créer la vie
On entend une voix : Vous créez pour mourir !
Et le baiser de feu sent un frisson courir !
Quand le bonheur n'a plus ni lointain ni mystère,
Quand le nuage d'or laisse à nu cette terre,
Quand la vie une fois a perdu son erreur,
Quand elle ne ment plus, c'en est fait du bonheur !

———

Amour, être de l'être ! amour, âme de l'âme !
Nul homme plus que moi ne vécut de ta flamme !
Nul brûlant de ta soif sans jamais l'épuiser
N'eût sacrifié plus pour t'immortaliser !
Nul ne désira plus dans l'autre âme qu'il aime
De concentrer sa vie en se perdant soi-même,
Et dans un monde à part de toi seul habité
De se faire à lui seul sa propre éternité !
Femmes ! anges mortels ! création divine !
Seul rayon dont la vie un moment s'illumine !
Je le dis à cette heure, heure de vérité,
Comme je l'aurais dit, quand devant la beauté
Mon cœur épanoui qui se sentait éclore
Fondait comme une neige aux rayons de l'aurore !
Je ne regrette rien de ce monde que vous !

Ce que la vie humaine a d'amer et de doux,
Ce qui la fait brûler, ce qui trahit en elle
Je ne sais quel parfum de la vie immortelle,
C'est vous seules! Par vous toute joie est amour!
Ombre des biens parfaits du céleste séjour,
Vous êtes ici-bas la goutte sans mélange
Que Dieu laissa tomber de la coupe de l'ange!
L'étoile qui brillant dans une vaste nuit
Dit seule à nos regards qu'un autre monde luit!
Le seul garant enfin que le bonheur suprême,
Ce bonheur que l'amour puise dans l'amour même,
N'est pas un songe vain créé pour nous tenter,
Qu'il existe, ou plutôt qu'il pourrait exister,
Si, brûlant à jamais du feu qui nous dévore,
Vous et l'être adoré dont l'âme vous adore,
L'innocence, l'amour, le désir, la beauté,
Pouvaient ravir aux dieux leur immortalité!

———

Quand vous vous desséchez sur le cœur qui vous aime,
Ou que ce cœur flétri se dessèche lui-même,
Quand le foyer divin qui brûle encore en nous
Ne peut plus rallumer sa flamme éteinte en vous,
Que nul sein ne bat plus quand le nôtre soupire,
Que nul front ne rougit sous notre œil qu'il attire,
Et que la conscience avec un cri d'effroi
Nous dit : Ce n'est plus toi qu'elles aiment en toi!
Alors, comme un esprit exilé de sa sphère
Se résigne en pleurant aux ombres de la terre,

Détachant de vos pas nos yeux voilés de pleurs,
Aux faux biens d'ici-bas nous dévouons nos cœurs;
Les uns, sacrifiant leur vie à leur mémoire,
Adorent un écho qu'ils appellent la gloire;
Ceux-ci de la faveur assiégent les sentiers
Et veulent au néant arriver les premiers!
Ceux-là, des voluptés vidant la coupe infâme,
Pour mourir tout vivans assoupissent leur âme;
D'autres, accumulant pour enfouir encor,
Recueillent dans la fange une poussière d'or;
Mais mon œil a percé ces ombres de la vie;
Aucun de ces faux biens que le vulgaire envie,
Gloire, puissance, orgueil, éprouvés tour à tour,
N'ont pesé dans mon cœur un soupir de l'amour,
D'un de ses souvenirs même effacé la trace,
Ni de mon âme une heure agité la surface,
Pas plus que le nuage ou l'ombre des rameaux
Ne ride en s'y peignant la surface des eaux.
Après l'amour éteint si je vécus encore,
C'est pour la vérité, soif aussi qui dévore!

———

Ombre de nos désirs, trompeuse vérité,
Que de nuits sans sommeil ne m'as-tu pas coûté!
A moi, comme aux esprits fameux de tous les âges
Que l'ignorance humaine, hélas! appela sages,
Tandis qu'au fond du cœur riant de leur vertu,
Ils disaient en mourant : Science, que sais-tu?
Ah! si ton pur rayon descendait sur la terre,

Nous tomberions frappés comme par le tonnerre!
Mais ce désir est faux comme tous nos désirs;
C'est un soupir de plus parmi nos vains soupirs!
La tombe est de l'amour le fond lugubre et sombre,
La vérité toujours a nos erreurs pour ombre,
Chaque jour prend pour elle un rêve de l'esprit
Qu'un autre jour salue, adore et puis maudit!

———

Avez-vous vu, le soir d'un jour mêlé d'orage,
Le soleil qui descend de nuage en nuage,
A mesure qu'il baisse et retire le jour
De ses reflets de feu les dorer tour à tour?
L'œil les voit s'enflammer sous son disque qui passe,
Et dans ce voile ardent croit adorer sa trace;
Le voilà! dites-vous, dans la blanche toison
Que le souffle du soir balance à l'horizon!
Le voici dans les feux dont cette pourpre éclate!
Non, non, c'est lui qui teint ces flocons d'écarlate!
Non, c'est lui qui, trahi par ce flux de clarté,
A fendu d'un rayon ce nuage argenté!
Voile impuissant! le jour sous l'obstacle étincelle!
C'est lui! la nue est pleine et la pourpre en ruisselle!
Et tandis que votre œil à cette ombre attaché
Croit posséder enfin l'astre déjà couché,
La nue à vos regards fond et se décolore;
Ce n'est qu'une vapeur qui flotte et s'évapore;
Vous le cherchez plus loin, déjà, déjà trop tard!
Le soleil est toujours au-delà du regard!

Et le suivant en vain de nuage en nuage,
Non, ce n'est jamais lui, c'est toujours son image!
Voilà la vérité! Chaque siècle à son tour
Croit soulever son voile et marcher à son jour,
Mais celle qu'aujourd'hui notre ignorance adore
Demain n'est qu'un nuage; une autre est près d'éclore!
A mesure qu'il marche et la proclame en vain,
La vérité qui fuit trompe l'espoir humain,
Et l'homme qui la voit dans ses reflets sans nombre
En croyant l'embrasser n'embrasse que son ombre!
Mais les siècles déçus sans jamais se lasser
Effacent leur chemin pour le recommencer!

———

La vérité complète est le miroir du monde;
Du jour qui sort de lui Dieu le frappe et l'inonde,
Il s'y voit face à face, et seul il peut s'y voir;
Quand l'homme ose toucher à ce divin miroir,
Il se brise en éclats sous la main des plus sages,
Et ses fragmens épars sont le jouet des âges!
Chaque siècle, chaque homme, assemblant ses débris,
Dit : Je réunirai ces lueurs des esprits,
Et dans un seul foyer concentrant la lumière,
La nature à mes yeux paraîtra tout entière!
Il dit, il croit, il tente, il rassemble en tous lieux
Les lumineux fragmens d'un tout mytérieux,
D'un espoir sans limite en rêvant il s'embrase,
Des systèmes humains il élargit la base,
Il encadre au hasard, dans cette immensité,

Système, opinion, mensonge, vérité !
Puis, quand il croit avoir ouvert assez d'espace
Pour que dans son foyer l'infini se retrace,
Il y plonge ébloui ses avides regards,
Un jour foudroyant sort de ces morceaux épars !
Mais son œil, partageant l'illusion commune,
Voit mille vérités où Dieu n'en a mis qu'une !
Ce foyer, où le tout ne peut jamais entrer,
Disperse les lueurs qu'il devait concentrer ;
Comme nos vains pensers l'un l'autre se détruisent,
Ses rayons divergens se croisent et se brisent ;
L'homme brise à son tour son miroir en éclats,
Et dit, en blasphémant : Vérité, tu n'es pas !

―――

Non, tu n'es pas en nous ! tu n'es que dans nos songes !
Le fantôme changeant de nos propres mensonges,
Le reflet fugitif de quelque astre lointain,
Que l'homme croit saisir et qui fond sous sa main !
L'écho vide et moqueur des mille voix de l'homme,
Qui nous répond toujours par le mot qu'on te nomme !
Ta poursuite insensée est sa dernière erreur !
Mais ce vain désir même a tari dans mon cœur,
Je ne cherche plus rien à tes clartés funèbres,
Je m'abandonne en paix à ces flots de ténèbres,
Comme le nautonier, quand le pôle est perdu,
Quand sur l'étoile même un voile est étendu,
Laissant flotter la barre au gré des vagues sombres,
Croise les bras et siffle, et se résigne aux ombres,

Sûr de trouver partout la ruine et la mort,
Indifférent au moins par quel vent, sur quel bord !

———

Ah ! si vous paraissiez sans ombre et sans emblème,
Source de la lumière et toi lumière même,
Ame de l'infini, qui resplendit de toi !
Si, frappés seulement d'un rayon de ta foi,
Nous te réfléchissions dans notre intelligence,
Comme une mer obscure où nage un disque immense,
Tout s'évanouirait devant ce pur soleil,
Comme l'ombre au matin, comme un songe au réveil ;
Tout s'évaporerait sous le rayon de flamme :
La matière, et l'esprit, et les formes, et l'âme,
Tout serait pour nos yeux à ta pure clarté
Ce qu'est la pâle image à la réalité !
La vie, à ton aspect, ne serait plus la vie,
Elle s'élèverait triomphante et ravie,
Ou, si ta volonté comprimait son transport,
Elle ne serait plus qu'une éternelle mort !
Malgré le voile épais qui te cache à ma vue,
Voilà, voilà mon mal ! c'est ta soif qui me tue !
Mon âme n'est vers toi qu'un éternel soupir,
Une veille, que rien ne peut plus assoupir ;
Je meurs de ne pouvoir nommer ce que j'adore,
Et si tu m'apparais ! tu vois, je meurs encore !

———

Et de mon impuissance à la fin convaincu,

Me voilà! demandant si j'ai jamais vécu,
Touchant au terme obscur de mes courtes années,
Comptant mes pas perdus et mes heures sonnées,
Aussi surpris de vivre, aussi vide, aussi nu,
Que le jour où l'on dit : Un enfant m'est venu!
Prêt à rentrer sous l'herbe, à tarir, à me taire,
Comme le filet d'eau qui, surgi de la terre,
Y rentre de nouveau par la terre englouti
A quelques pas du sol dont il était sorti!
Seulement, cette eau fuit sans savoir qu'elle coule;
Ce sable ne sait pas où la vague le roule;
Ils n'ont ni sentiment, ni murmure, ni pleurs,
Et moi, je vis assez pour sentir que je meurs!
Mourir! ah! ce seul mot fait horreur de la vie!
L'éternité vaut-elle une heure d'agonie?
La douleur nous précède, et nous enfante au jour;
La douleur à la mort nous enfante à son tour!
Je ne mesure plus le temps qu'elle me laisse,
Comme je mesurais, dans ma verte jeunesse,
En ajoutant aux jours de longs jours à venir,
Mais, en les retranchant de mon court avenir,
Je dis : Un jour de plus, un jour de moins; l'aurore
Me retranche un de ceux qui me restaient encore;
Je ne les attends plus, comme dans mon matin,
Pleins, brillans, et dorés des rayons du lointain,
Mais ternes, mais pâlis, décolorés et vides
Comme une urne fêlée et dont les flancs arides
Laissent fuir l'eau du ciel que l'homme y cherche en vain,
Passé sans souvenir, présent sans lendemain,
Et je sais que le jour est semblable à la veille,

Et le matin n'a plus de voix qui me réveille,
Et j'envie au tombeau le long sommeil qu'il dort,
Et mon âme est déjà triste comme la mort!

———

Triste comme la mort? et la mort souffre-t-elle?
Le néant se plaint-il à la nuit éternelle?
Ah! plus triste cent fois que cet heureux néant
Qui n'a point à mourir et ne meurt pas vivant,
Mon âme est une mort qui se sent et se souffre;
Immortelle agonie! abîme, immense gouffre,
Où la pensée en vain cherchant à s'engloutir
En se précipitant ne peut s'anéantir!
Un songe sans réveil! une nuit sans aurore,
Un feu sans aliment qui brûle et se dévore!...
Une cendre brûlante où rien n'est allumé,
Mais où tout ce qu'on jette est soudain consumé;
Un délire sans terme, une angoisse éternelle!
Mon âme avec effroi regarde derrière elle,
Et voit son peu de jours, passés, et déjà froids
Comme la feuille sèche autour du tronc des bois;
Je regarde en avant, et je ne vois que doute
Et ténèbres, couvrant le terme de la route!
Mon être à chaque souffle exhale un peu de soi,
C'était moi qui souffrais, ce n'est déjà plus moi!
Chaque parole emporte un lambeau de ma vie;
L'homme ainsi s'évapore et passe; et quand j'appuie
Sur l'instabilité de cet être fuyant,
A ses tortures près tout semblable au néant,

Sur ce moi fugitif insoluble problème
Qui ne se connaît pas et doute de soi-même,
Insecte d'un soleil, par un rayon produit,
Qui regarde une aurore et rentre dans sa nuit,
Et que sentant en moi la stérile puissance
D'embrasser l'infini dans mon intelligence,
J'ouvre un regard de Dieu sur la nature et moi,
Que je demande à tout : Pourquoi ? pourquoi ? pourquoi ?
Et que, pour seul éclair et pour seule réponse,
Dans mon second néant je sens que je m'enfonce,
Que je m'évanouis en regrets superflus,
Qu'encore une demande et je ne serai plus!!!
Alors je suis tenté de prendre l'existence
Pour un sarcasme amer d'une aveugle puissance,
De lui parler sa langue, et, semblable au mourant
Qui trompe l'agonie et rit en expirant,
D'abîmer ma raison dans un dernier délire
Et de finir aussi par un éclat de rire !

―

Ou de dire : Vivons! et dans la volupté
Noyons ce peu d'instans au néant disputé !
Le soir vient! dérobons quelques heures encore
Au temps qui nous les jette et qui nous les dévore ;
Enivrons-nous du moins de ce poison humain
Que la mort nous présente en nous cachant sa main !
Jusqu'aux bords de la tombe il croît encor des roses,
De naissantes beautés pour le désir écloses,
Dont le cœur feint l'amour, dont l'œil sait l'imiter,

Et que l'orgueil ou l'or font encor palpiter !
Plongeons-nous tout entiers dans ces mers de délices ;
Puis, au premier dégoût trouvé dans ces calices,
Avant l'heure où les sens de l'ivresse lassés
Font monter l'amertume et disent : C'est assez !
Voilà la coupe pleine où de son ambroisie
Sous les traits du sommeil la mort éteint la vie !
Buvons : voilà le flot qui ne fera qu'un pli
Et nous recouvrira d'un éternel oubli,
Glissons-y ; dérobons sa proie à l'existence !
A la mort sa douleur, au destin sa vengeance,
Ces langueurs que la vie au fond laisse croupir,
Et jusqu'au sentiment de son dernier soupir ;
Et fût-il un réveil même à ce dernier somme,
Défions le destin de faire pis qu'un homme !

Mais cette lâche idée, où je m'appuie en vain,
N'est qu'un roseau pliant qui fléchit sous ma main !
Elle éclaire un moment le fond du précipice,
Mais comme l'incendie éclaire l'édifice,
Comme le feu du ciel dans un nuage errant
Éclaire l'horizon, mais en le déchirant !
Ou comme la lueur lugubre et solitaire
De la lampe des morts qui veille sous la terre,
Éclaire le cadavre aride et desséché
Et le ver du sépulcre à sa proie attaché.

Non ! dans ce noir chaos, dans ce vide sans terme,

Mon âme sent en elle un point d'appui plus ferme,
La conscience! instinct d'une autre vérité,
Qui guide par sa force et non par sa clarté,
Comme on guide l'aveugle en sa sombre carrière,
Par la voix, par la main, et non par la lumière.
Noble instinct! conscience! ô vérité du cœur!
D'un astre encor voilé prophétique chaleur!
Tu m'annonces toi seule en tes mille langages
Quelque chose qui luit derrière ces nuages!
Dans quelque obscurité que tu plonges mes pas,
Même au fond de la nuit tu ne t'égares pas!
Quand ma raison s'éteint, ton flambeau luit encore!
Tu dis ce qu'elle tait; tu sais ce qu'elle ignore;
Quand je n'espère plus, l'espérance est ta voix;
Quand je ne crois plus rien, tu parles et je crois!

———

Et ma main hardiment brise et jette loin d'elle
La coupe des plaisirs, et la coupe mortelle;
Et mon âme, qui veut vivre et souffrir encor,
Reprend vers la lumière un généreux essor,
Et se fait dans l'abîme où la douleur la noie
De l'excès de sa peine une secrète joie;
Comme le voyageur parti dès le matin,
Qui ne voit pas encor le terme du chemin,
Trouve le ciel brûlant, le jour long, le sol rude,
Mais fier de ses sueurs et de sa lassitude,
Dit en voyant grandir les ombres des cyprès :
J'ai marché si longtemps que je dois être près!

A ce risque fatal, je vis, je me confie ;
Et dût ce noble instinct, sublime duperie,
Sacrifier en vain l'existence à la mort,
J'aime à jouer ainsi mon âme avec le sort !
A dire, en répandant au seuil d'un autre monde
Mon cœur comme un parfum et mes jours comme une onde :
Voyons si la vertu n'est qu'une sainte erreur,
L'espérance un dé faux qui trompe la douleur,
Et si, dans cette lutte où son regard m'anime,
Le Dieu serait ingrat quand l'homme est magnanime !

———

Alors, semblable à l'ange envoyé du Très-Haut
Qui vint sur son fumier prendre Job en défaut,
Et qui, trouvant son cœur plus fort que ses murmures,
Versa l'huile du ciel sur ses mille blessures ;
Le souvenir de Dieu descend, et vient à moi,
Murmure à mon oreille, et me dit : Lève-toi !
Et ravissant mon âme à son lit de souffrance,
Sous les regards de Dieu l'emporte et la balance ;
Et je vois l'infini poindre et se réfléchir
Jusqu'aux mers de soleils que la nuit fait blanchir ;
Il répand ses rayons et voile la nature ;
Les concentre, et c'est Dieu ; lui seul est sa mesure ;
Il puise sans compter les êtres et les jours
Dans un être et des temps qui débordent toujours ;
Puis les rappelle à soi comme une mer immense
Qui retire sa vague et de nouveau la lance,
Et la vie et la mort sont sans cesse et sans fin
Ce flux et ce reflux de l'océan divin !

Leur grandeur est égale et n'est pas mesurée
Par leur vile matière ou leur courte durée ;
Un monde est un atome à son immensité,
Un moment est un siècle à son éternité,
Et je suis, moi, poussière à ses pieds dispersée,
Autant que les soleils, car je suis sa pensée !
Et chacun d'eux reçoit la loi qu'il lui prescrit,
La matière en matière, et l'esprit en esprit !
Graviter est la loi de ces globes de flamme ;
Souffrir pour expier est le destin de l'âme ;
Et je combats en vain l'arrêt mystérieux,
Et la vie et la mort tout l'annonce à mes yeux.
L'une et l'autre ne sont qu'un divin sacrifice ;
Le monde a pour salut l'instrument d'un supplice ;
Sur ce rocher sanglant où l'arbre en fut planté
Les temps ont vu mûrir le fruit de vérité,
Et quand l'homme modèle et le Dieu du mystère,
Après avoir parlé, voulut quitter la terre,
Il ne couronna pas son front pâle et souffrant
Des roses que Platon respirait en mourant ;
Il ne fit point descendre une échelle de flamme
Pour monter triomphant par les degrés de l'âme !
Son échelle céleste, à lui, fut une croix,
Et son dernier soupir, et sa dernière voix
Une plainte à son Père, un pourquoi sans réponse,
Tout semblable à celui que ma bouche prononce !...
Car il ne lui restait que le doute à souffrir,
Cette mort de l'esprit qui doit aussi mourir !...

Ou bien de ces hauteurs rappelant ma pensée,
Ma mémoire ranime une trace effacée,
Et de mon cœur trompé rapprochant le lointain,
A mes soirs pâlissans rend l'éclat du matin,
Et de ceux que j'aimais l'image évanouie
Se lève dans mon âme ; et je revis ma vie !
. . . .

———

Un jour, c'était aux bords où les mers du midi
Arrosent l'aloès de leur flot attiédi,
Au pied du mont brûlant dont la cendre féconde
Des doux vallons d'Enna fait le jardin du monde ;
C'était aux premiers jours de mon précoce été,
Quand le cœur porte en soi son immortalité,
Quand nulle feuille encor par l'orage jaunie
N'a tombé sous nos pas de l'arbre de la vie,
Quand chaque battement qui soulève le cœur
Est un immense élan vers un vague bonheur,
Que l'air dans notre sein n'a pas assez de place,
Le jour assez de feux, le ciel assez d'espace,
Et que le cœur plus fort que ses émotions
Respire hardiment le vent des passions,
Comme au réveil des flots la voile du navire
Appelle l'ouragan, palpite, et le respire !
Et je ne connaissais de ce monde enchanté
Que le cœur d'une mère et l'œil d'une beauté ;
Et j'aimais ; et l'amour, sans consumer mon âme,
Dans une âme de feu réfléchissait sa flamme,

Comme ce mont brûlant que nous voyons fumer
Embrasait cette mer, mais sans la consumer !
Et notre amour était beau comme l'espérance,
Long comme l'avenir, pur comme l'innocence.

———

Et son nom ?—Eh ! qu'importe un nom ! Elle n'est plus
Qu'un souvenir planant dans un lointain confus,
Dans les plis de mon cœur une image cachée,
Ou dans mon œil aride une larme séchée !

Et nous étions assis à l'heure du réveil,
Elle et moi, seuls, devant la mer et le soleil,
Sur les pieds tortueux des châtaigniers sauvages
Qui couronnent l'Etna de leurs derniers feuillages ;
Et le jour se levait aussi dans notre cœur,
Long, serein, rayonnant, tout lumière et chaleur ;
Les brises qui du pin touchaient les larges faîtes,
Y prenaient une voix et chantaient sur nos têtes,
Par l'aurore attiédis les purs souffles des airs
En vagues de parfum montaient du lit des mers,
Et jusqu'à ces hauteurs apportaient par bouffées
Des flots sur les rochers les clameurs étouffées,
Des chants confus d'oiseaux, et des roucoulemens,
Des cliquetis d'insecte ou des bourdonnemens,
Mille bruits dont partout la solitude est pleine,
Que l'oreille retrouve et perd à chaque haleine,
Témoignages de vie et de félicité,
Qui disaient : Tout est vie, amour et volupté !

Et je n'entendais rien que ma voix et la sienne,
La sienne, écho vivant qui renvoyait la mienne ;
Et ces deux voix d'accord, vibrant à l'unisson,
Se confondaient en une et ne formaient qu'un son !

Et nos yeux descendaient d'étages en étages,
Des rochers aux forêts, des forêts aux rivages,
Du rivage à la mer, dont l'écume d'abord
D'une frange ondoyante y dessinait le bord,
Puis, étendant sans fin son bleu semé de voiles,
Semblait un second ciel tout blanchissant d'étoiles ;
Et les vaisseaux allaient et venaient sur les eaux,
Rasant le flot de l'aile ainsi que des oiseaux,
Et quelques-uns, glissant le long des hautes plages,
Mêlaient leurs mâts tremblans aux arbres des rivages,
Et jusqu'à ces sommets on entendait monter
Les voix des matelots que le flot fait chanter !
Et l'horizon noyé dans des vapeurs vermeilles
S'y perdait ; et mes yeux plongés dans ces merveilles,
S'égarant jusqu'aux bords de ce miroir si pur,
Remontaient dans le ciel de l'azur à l'azur,
Puis venaient, éblouis, se reposer encore
Dans un regard plus doux que la mer et l'aurore,
Dans les yeux enivrés d'un être ombre du mien,
Où mon délire encor se redoublait du sien !
Et nous étions en paix avec cette nature,
Et nous aimions ces prés, ce ciel, ce doux murmure,
Ces arbres, ces rochers, ces astres, cette mer ;

Et toute notre vie était un seul aimer !
Et notre âme, limpide et calme comme l'onde,
Dans la joie et la paix réfléchissait le monde ;
Et les traits concentrés dans ce brillant milieu
Y formaient une image, et l'image était... Dieu !
Et cette idée, ainsi dans nos cœurs imprimée,
N'en jaillissait point tiède, inerte, inanimée,
Comme l'orbe éclatant du céleste soleil,
Qui flotte terne et froid dans l'océan vermeil,
Mais vivante et brûlante, et consumant notre âme,
Comme sort d'un bûcher une odorante flamme !
Et nos cœurs embrasés en soupirs s'exhalaient,
Et nous voulions lui dire... et nos cœurs seuls parlaient;
Et qui m'eût dit alors qu'un jour la grande image
De ce Dieu pâlirait sous l'ombre du nuage,
Qu'il faudrait le chercher en moi, comme aujourd'hui,
Et que le désespoir pouvait douter de lui?
J'aurais ri dans mon cœur de ma crainte insensée,
Ou j'aurais eu pitié de ma propre pensée !
Et les jours ont passé courts comme le bonheur,
Et les ans ont brisé l'image de mon cœur,
Tout s'est évanoui !... mais le souvenir reste
De l'apparition matinale et céleste,
Et comme ces mortels des temps mystérieux
Que visitaient jadis des envoyés des cieux,
Quand leurs yeux avaient vu la divine lumière,
S'attendaient à la mort et fermaient leur paupière
Au rayon pâlissant, de mon soir obscurci,
Je dis : J'ai vu mon Dieu ; je puis mourir aussi !
Mais celui dont la vie et l'amour sont l'ouvrage

N'a pas fait le miroir pour y briser l'image !

———

Et, sûr de l'avenir, je remonte au passé ;
Quel est sur ce côteau du matin caressé,
Aux bords de ces flots bleus qu'un jour du matin dore,
Ce toit champêtre et seul d'où rejaillit l'aurore ?
La fleur du citronnier l'embaume, et le cyprès
L'enveloppe au couchant d'un rempart sombre et frais,
Et la vigne y couvrant de blanches colonnades,
Court en festons joyeux d'arcades en arcades !
La colombe au col noir roucoule sur les toits,
Et sur les flots dormans se répand une voix,
Une voix qui cadence une langue divine,
Et d'un accent si doux que l'amour s'y devine.
Le portique au soleil est ouvert : une enfant
Au front pur, aux yeux bleus, y guide en triomphant
Un lévrier folâtre aussi blanc que la neige,
Dont le regard aimant la flatte et la protége ;
De la plage voisine ils prennent le sentier
Qui serpente à travers le myrte et l'églantier ;
Une barque non loin, vide et légère encore,
Ouvre déjà sa voile aux brises de l'aurore,
Et berçant sur leurs bancs les oisifs matelots,
Semble attendre son maître, et bondit sur les flots !
. . . .
. . . .

XII.

A L'ESPRIT SAINT.

CANTIQUE.

Tu ne dors pas, souffle de vie,
Puisque l'univers vit toujours !
Ta sainte haleine vivifie
Les premiers et les derniers jours !
C'est toi qui répondis au Verbe qui te nomme !
Quand le chaos muet tressaillit comme un homme
Que d'une voix puissante on éveille en sursaut ;
C'est toi qui t'agitas dans l'inerte matière,
Répétas dans les cieux la parole première,
Et comme un bleu tapis déroulas la lumière
Sous les pas du Très-Haut !

Tu fis aimer, tu fis comprendre
Ce que la parole avait dit ;
Tu fis monter, tu fis descendre
Le Verbe qui se répandit ;
Tu condensas les airs, tu balanças les nues,
Tu sondas des soleils les routes inconnues,
Tu fis tourner le ciel sur l'immortel essieu ;
Tel qu'un guide avancé dans une voie obscure,

Tu donnas forme et vie à toute créature,
Et, pour tracer sa route à l'aveugle nature,
    Tu marchas devant Dieu !

    Mais tu ne gardas pas sans cesse
    Les mêmes formes à ses yeux !
    Tu les pris toutes, ô Sagesse,
    Afin de glorifier mieux !
Tantôt brise et rayons, tantôt foudre et tempêtes,
Son terrible ou plaintif des harpes des prophètes,
Colonne qu'Israël voit marcher devant soi,
Parabole touchante ou sanglant sacrifice,
Sueur des Oliviers la veille du supplice,
Grâce et vertu coulant de ce divin calice,
    C'est toi ! c'est toujours toi !

    Le genre humain n'est qu'un seul être
    Formé de générations,
    Comme un seul homme on le voit naître,
    Ton souffle est dans ses passions !
Jeune, son âme immense, orageuse et profonde,
Déborde à flots d'écume et ravage le monde,
Tu sèmes ses flocons de climats en climats ;
Ton accent belliqueux a l'éclat du tonnerre,
Ton pas retentissant secoue au loin la terre,
Et le dieu qui te lance est le dieu de la guerre
    Servi par le trépas !

    Tu revêts la forme sanglante
    D'un héros, d'un peuple, d'un roi !

Tu foules la terre tremblante
Qui passe et se tait devant toi !
Mais quand le sang glacé dans ses veines s'arrête,
Le genre humain qui sent que son heure s'apprête,
S'élève de la vie à l'immortalité ;
Tu marches devant lui, sous l'ombre d'une idée !
D'un immense désir la terre est possédée,
Et dans les flots d'erreur dont elle est inondée,
Cherche une vérité !

Alors tu descends ! tu respires
Dans ces sages, flambeaux mortels,
Dans ces mélodieuses lyres
Qui soupirent près des autels !
La pensée est ton feu ! la parole est ton glaive !
L'esprit humain flottant s'abaisse et se relève,
Comme au roulis des mers le mât des matelots !
Mais tu choisis surtout les bardes dans la foule ;
Dans leurs chants immortels l'inspiration coule ;
Cette onde harmonieuse est le fleuve qui roule
Le plus d'or dans ses flots !

Où sont-ils, âme surhumaine,
Ces instrumens de tes desseins ?
Où sont-ils dès que ton haleine
A cessé d'embraser leurs seins !
Ils meurent les premiers !... Foyer qui se consume,
Flots qui rongent la rive et fondent en écume,
Arbres brisés du vent sous qui l'herbe a ployé !
En néant avant nous ils viennent se résoudre,

Tu jettes leur orgueil et leur nom dans la poudre,
Et ton doigt les éteint comme il éteint la foudre
    Quand elle a foudroyé !

    Il se fait un vaste silence !
    L'esprit dans ses ombres se perd,
    Le doute étouffe l'espérance
    Et croit que le ciel est désert !
Puis tel qu'un chêne obscur, longtemps avant l'orage
Dont frémit tout à coup l'immobile feuillage,
Et dont l'oiseau s'enfuit sans entendre aucun son ;
Le monde où nul éclair ne te précède encore,
D'un inquiet ennui se trouble et se dévore,
Et comme à son insu, de l'esprit qu'il ignore
    Sent le divin frisson !

    Et le ciel se couvre ; et la terre
    Croit qu'un astre s'est approché,
    Et nul ne comprend ce mystère,
    Car ton maître est un Dieu caché !
Mais moi je te comprends, car je baisse la tête !
J'entends venir de loin la céleste tempête ;
Et d'un effroi stupide impassible témoin,
Quand de l'antique jour les clartés s'affaiblissent,
Que des lois et des mœurs les colonnes fléchissent,
Que la terre se trouble et que les cieux pâlissent,
    Je dis : Il n'est pas loin !

    Les voilà ces heures divines !
    Les voilà ! mes yeux, ouvrez-vous !

La poussière de nos ruines
S'élève entre le jour et nous!
De quel vent soufflera l'esprit que l'homme appelle?
L'âme avec plus de soif jamais l'entendit-elle?
Jamais passé sur nous croula-t-il plus entier?
Jamais l'homme vit-il à l'horizon des âges
Gronder sur l'avenir de plus sombres orages?
Et te prépara-t-il entre plus de nuages
Un plus divin sentier?

Fends la nue, et suscite un homme!
Un homme palpitant de toi!
Que son front rayonnant le nomme
Aux regards qui cherchent ta foi!
D'un autre Sinaï fais flamboyer la cime,
Retrempe au feu du ciel la parole sublime,
Ce glaive de l'esprit émoussé par le temps!
De ce glaive vivant arme une main mortelle,
Parais, descends, travaille, agite et renouvelle,
Et ranime de l'œil, et du vent de ton aile
Tes derniers combattans!

Que la mer des erreurs s'amasse!
Qu'elle soulève son limon
Pour engloutir l'heureuse race
De ceux qui marchent en ton nom!
Sur la mer en courroux que ta droite s'étende!
Que ton souffle nous creuse une route, et suspende
Ces flots qui sous nos pas s'ouvrent comme un tombeau!
Que le gouffre trompé sur lui-même s'écroule!

Que l'écume des temps dans ses abîmes roule,
Et que le genre humain la traverse, et s'écoule
　　　　Vers un désert nouveau !

　　　　Je le vois ! mon regard devance
　　　　Les pas des siècles plus heureux !
　　　　La colonne de l'espérance
　　　　Marche et m'éclaire de ses feux !
Tu souffleras plus pur sur des plages nouvelles !
Ton aigle pour toujours n'a pas plié ses ailes,
La nature à son Dieu garde encor de l'encens,
Il est encor des pleurs sous de saintes paupières,
Du ciel dans les soupirs, dans les cœurs des prières,
Et sur ces harpes d'or qui chantent les dernières
　　　　Quelques divins accens !

　　　　Oh ! puissé-je, souffle suprême,
　　　　Instrument de promission,
　　　　Sous ton ombre frémir moi-même,
　　　　Comme une harpe de Sion !
Puissé-je, écho mourant des paroles de vie,
De l'hymne universel être une voix choisie,
Et quand j'aurai chanté mon cantique au Seigneur,
Plein de l'esprit divin qui fait aimer et croire,
Ne laisser ici-bas pour trace et pour mémoire
Qu'une voix dans le temple, un son qui dise : Gloire
　　　　Au souffle créateur !

XIII.

LES RÉVOLUTIONS.

I.

Quand l'Arabe altéré dont le puits n'a plus d'onde
A plié le matin sa tente vagabonde
Et suspendu la source aux flancs de ses chameaux,
Il salue en partant la citerne tarie,
Et, sans se retourner, va chercher la patrie
      Où le désert cache ses eaux.

Que lui fait qu'au couchant le vent de feu se lève,
Et, comme un océan qui laboure la grève,
Comble derrière lui l'ornière de ses pas,
Suspende la montagne où courait la vallée,
Ou sème en flots durcis la dune amoncelée ?
      Il marche, et ne repasse pas.

Mais vous, peuples assis de l'Occident stupide,
Hommes pétrifiés dans votre orgueil timide,
Partout où le hasard sème vos tourbillons
Vous germez comme un gland sur vos sombres collines,
Vous poussez dans le roc vos stériles racines,
      Vous végétez sur vos sillons !

Vous taillez le granit, vous entassez les briques,
Vous fondez tours, cités, trônes ou républiques :
Vous appelez le temps qui ne répond qu'à Dieu ;
Et, comme si des jours ce Dieu vous eût fait maître,
Vous dites à la race humaine encore à naître :
    Vis, meurs, immuable en ce lieu !

Recrépis le vieux mur écroulé sur ta race,
Garde que de tes pieds l'empreinte ne s'efface,
Passe à d'autres le joug que d'autres t'ont jeté !
Sitôt qu'un passé mort te retire son ombre,
Dis que le doigt de Dieu se sèche, et que le nombre
    Des jours, des soleils est compté !

En vain la mort vous suit et décime sa proie,
En vain le Temps, qui rit de vos Babels, les broie,
Sous son pas éternel insectes endormis !
En vain ce laboureur irrité les renverse,
Ou secouant le pied les sème et les disperse
    Comme des palais de fourmis !

Vous les rebâtissez toujours, toujours de même,
Toujours dans votre esprit vous lancez anathème
A qui les touchera dans la postérité !
Et toujours en traçant ces précaires demeures,
Hommes aux mains de neige et qui fondez aux heures,
    Vous parlez d'immortalité !

Et qu'un siècle chancelle, ou qu'une pierre tombe,
Que Socrate vous jette un secret de sa tombe,

Que le Christ lègue au monde un ciel dans son adieu !
Vous vengez par le fer le mensonge qui règne,
Et chaque vérité nouvelle ici-bas saigne
  Du sang d'un prophète ou d'un Dieu !

De vos yeux assoupis vous aimez les écailles :
Semblables au guerrier armé pour les batailles,
Mais qui dort enivré de ses songes épais,
Si quelque voix soudaine éclate à votre oreille,
Vous frappez, vous tuez celui qui vous réveille,
  Car vous voulez dormir en paix !

Mais ce n'est pas ainsi que le Dieu qui vous somme
Entend la destinée et les phases de l'homme ;
Ce n'est pas le chemin que son doigt vous écrit !
En vain le cœur vous manque et votre pied se lasse,
Dans l'œuvre du Très-Haut le repos n'a pas place ;
  Son esprit n'est pas votre esprit !

Marche ! sa voix le dit à la nature entière,
Ce n'est pas pour croupir sur ses champs de lumière
Que le soleil s'allume et s'éteint dans ses mains !
Dans cette œuvre de vie où son âme palpite,
Tout respire, tout croît, tout grandit, tout gravite !
  Les cieux, les astres, les humains !

L'œuvre toujours finie et toujours commencée
Manifeste à jamais l'éternelle pensée :
Chaque halte pour Dieu n'est qu'un point de départ !
Gravissant l'infini qui toujours le domine,

Plus il s'élève et plus la volonté divine
S'élargit avec son regard !

Il ne s'arrête pas pour mesurer l'espace,
Son pied ne revient pas sur sa brûlante trace,
Il ne revoit jamais ce qu'il vit en créant ;
Semblable au faible enfant qui lit et balbutie,
Il ne dit pas deux fois la parole de vie ;
Son Verbe court sur le néant !

Il court, et la Nature à ce Verbe qui vole
Le suit en chancelant de parole en parole,
Jamais, jamais demain ce qu'elle est aujourd'hui !
Et la création toujours, toujours nouvelle,
Monte éternellement la symbolique échelle
Que Jacob rêva devant lui !

Et rien ne redescend à sa forme première :
Ce qui fut glace et nuit devient flamme et lumière ;
Dans les flancs du rocher le métal devient or ;
En perle au fond des mers le lit des flots se change ;
L'éther en s'allumant devient astre, et la fange
Devient homme et fermente encor !

Puis un souffle d'en haut se lève, et toute chose
Change, tombe, périt, fuit, meurt, se décompose,
Comme au coup de sifflet des décorations ;
Jéhova d'un regard lève et brise sa tente,
Et les camps des soleils suspendent dans l'attente
Leurs saintes évolutions !

Les globes calcinés volent en étincelles,
Les étoiles des nuits éteignent leurs prunelles,
La comète s'échappe et brise ses essieux ;
Elle lance en éclats la machine céleste,
Et de mille univers en un souffle il ne reste
      Qu'un charbon fumant dans les cieux !

Et vous, qui ne pouvez défendre un pied de grève,
Dérober une feuille au souffle qui l'enlève,
Prolonger d'un rayon ces orbes éclatans,
Ni dans son sablier qui coule intarissable,
Ralentir d'un moment, d'un jour, d'un grain de sable,
      La chute éternelle du temps ;

Sous vos pieds chancelans si quelque caillou roule,
Si quelque peuple meurt, si quelque trône croule,
Si l'aile d'un vieux siècle emporte ses débris,
Si de votre alphabet quelque lettre s'efface,
Si d'un insecte à l'autre un brin de paille passe,
      Le ciel s'ébranle de vos cris !

II.

Regardez donc, race insensée,
Les pas des générations !
Toute la route n'est tracée
Que des débris des nations !
Trônes, autels, temples, portiques,
Peuples, royaumes, républiques,

Sont la poussière du chemin,
Et l'Histoire, écho de la tombe,
N'est que le bruit de ce qui tombe
Sur la route du genre humain !

Plus vous descendez dans les âges,
Plus ce bruit s'élève en croissant,
Comme en approchant des rivages
Que bat le flot retentissant ;
Voyez passer l'esprit de l'homme,
De Thèbe et de Memphis à Rome,
Voyageur terrible en tout lieu,
Partout brisant ce qu'il élève,
Partout de la torche ou du glaive
Faisant place à l'esprit de Dieu !

Il passe au milieu des tempêtes
Par les foudres du Sinaï,
Par la verge de ses prophètes,
Par les temples d'Adonaï !
Foulant ses jougs, brisant ses maîtres,
Il change ses rois pour ses prêtres,
Change ses prêtres pour des rois ;
Puis, broyant palais, tabernacles,
Il sème ces débris d'oracles
Avec les débris de ses lois !

Déployant ses ailes rapides,
Il plonge au désert de Memnon ;
Le voilà sous les Pyramides,

Le voici sur le Parthénon !
Là, cachant aux regards de l'homme
Les fondemens du pouvoir, comme
Ceux d'un temple mystérieux ;
Là, jetant au vent populaire,
Comme le grain criblé sur l'aire,
Les lois, les dogmes et les dieux !

Las de cet assaut de parole,
Il guide Alexandre au combat ;
L'aigle sanglant du Capitole
Sur le monde à son doigt s'abat ;
L'univers n'est plus qu'un empire ;
Mais déjà l'esprit se retire,
Et les peuples poussant un cri,
Comme un avide essaim d'esclaves
Dont on a brisé les entraves,
Se sauvent avec un débri !

Levez-vous, Gaule et Germanie,
L'heure de la vengeance est là !
Des ruines c'est le génie
Qui prend les rênes d'Attila !
Lois, Forum, dieux, faisceaux, tout croule,
Dans l'ornière de sang tout roule,
Tout s'éteint, tout fume ; il fait nuit,
Il fait nuit, pour que l'ombre encore
Fasse mieux éclater l'aurore
Du jour* où son doigt vous conduit !

* Le christianisme.

L'homme se tourne à cette flamme
Et revit en la regardant,
Charlemagne en fait la grande âme
Dont il anime l'Occident;
Il meurt; son colosse d'empire
En lambeaux vivans se déchire
Comme un vaste et pesant manteau
Fait pour les robustes épaules
Qui portaient le Rhin et les Gaules;
Et l'esprit reprend son marteau !

De ces nations mutilées
Cent peuples naissent sous ses pas,
Races barbares et mêlées
Que leur mère ne connaît pas;
Les uns indomptés et farouches,
Les autres rongeant dans leurs bouches
Les mors des tyrans ou des dieux;
Mais l'esprit, par diverses routes,
A son tour leur assigne à toutes
Un rendez-vous mystérieux.

Pour les pousser où Dieu les mène,
L'esprit humain prend cent détours,
Et revêt chaque forme humaine
Selon les hommes et les jours.
Ici, conquérant, il balaie
Les vieux peuples comme l'ivraie;
Là, sublime navigateur,
L'instinct d'une immense conquête

Lui fait chercher dans la tempête
Un monde à travers l'équateur!

Tantôt il coule la pensée
En bronze palpable et vivant,
Et la parole retracée
Court et brise comme le vent;
Tantôt, pour mettre un siècle en poudre,
Il éclate comme la foudre
Dans un mot de feu, Liberté!
Puis, dégoûté de son ouvrage,
D'un mot qui tonne davantage
Il réveille l'humanité!

Et tout se fond, croule ou chancèle,
Et comme un flot du flot chassé,
Le temps sur le temps s'amoncèle,
Et le présent sur le passé!
Et sur ce sable où tout s'enfonce,
Quoi donc, ô mortels! vous annonce
L'immuable que vous cherchez?
Je ne vois que poussière et lutte,
Je n'entends que l'immense chute
Du temps qui tombe et dit: Marchez!

III.

Marchez! l'humanité ne vit pas d'une idée!
Elle éteint chaque soir celle qui l'a guidée,

Elle en allume une autre à l'immortel flambeau ;
Comme ces morts vêtus de leur parure immonde,
Les générations emportent de ce monde
    Leurs vêtemens dans le tombeau !

Là c'est leurs dieux ; ici les mœurs de leurs ancêtres,
Le glaive des tyrans, l'amulette des prêtres,
Vieux lambeaux, vils haillons de cultes ou de lois ;
Et quand après mille ans dans leurs caveaux on fouille,
On est surpris de voir la risible dépouille
    De ce qui fut l'homme autrefois !

Robes, toges, turbans, tunique, pourpre, bure,
Sceptres, glaives, faisceaux, hache, houlette, armure,
Symboles vermoulus fondent sous votre main,
Tour à tour au plus fort, au plus fourbe, au plus digne,
Et vous vous demandez vainement sous quel signe
    Monte ou baisse le genre humain ?

Sous le vôtre, ô Chrétiens ! l'homme en qui Dieu travaille
Change éternellement de formes et de taille ;
Géant de l'avenir à grandir destiné,
Il use en vieillissant ses vieux vêtemens ; comme
Des membres élargis font éclater sur l'homme
    Les langes où l'enfant est né !

L'humanité n'est pas le bœuf à courte haleine,
Qui creuse à pas égaux son sillon dans la plaine,
Et revient ruminer sur un sillon pareil ;
C'est l'aigle rajeuni qui change son plumage,

Et qui monte affronter de nuage en nuage
    De plus hauts rayons du soleil!

Enfans de six mille ans qu'un peu de bruit étonne,
Ne vous troublez donc pas d'un mot nouveau qui tonne,
D'un empire éboulé, d'un siècle qui s'en va!
Que vous font les débris qui jonchent la carrière?
Regardez en avant et non pas en arrière,
    Le courant roule à Jéhova!

Que dans vos cœurs étroits vos espérances vagues
Ne croulent pas sans cesse avec toutes les vagues!
Ces flots vous porteront, hommes de peu de foi!
Qu'importent bruit et vent, poussière et décadence,
Pourvu qu'au-dessus d'eux la haute Providence
    Déroule l'éternelle loi?

Vos siècles page à page épellent l'Évangile!
Vous n'y lisiez qu'un mot, et vous en lirez mille!
Vos enfans plus hardis y liront plus avant!
Ce livre est comme ceux des sibylles antiques
Dont l'augure trouvait les feuillets prophétiques
    Siècle à siècle arrachés au vent.

Dans la foudre et l'éclair votre Verbe aussi vole!
Montez à sa lueur, courez à sa parole,
Attendez sans effroi l'heure lente à venir!
Vous! enfans de celui qui l'annonçant d'avance
Du sommet d'une croix vit briller l'espérance
    Sur l'horizon de l'avenir!

Cet oracle sanglant chaque jour se révèle ;
L'esprit, en renversant, élève et renouvelle ;
Passagers ballottés dans vos siècles flottans,
Vous croyez reculer sur l'océan des âges,
Et vous vous remontrez après mille naufrages
      Plus loin sur la route des temps !

Ainsi quand le vaisseau qui vogue entre deux mondes
A perdu tout rivage et ne voit que les ondes
S'élever et crouler comme deux sombres murs,
Quand le maître a brouillé les nœuds nombreux qu'il file,
Sur la plaine sans borne il se croit immobile
      Entre deux abîmes obscurs.

C'est toujours, se dit-il, dans son cœur plein de doute,
Même onde que je vois, même bruit que j'écoute ;
Le flot que j'ai franchi revient pour me bercer ;
A les compter en vain mon esprit se consume,
C'est toujours de la vague, et toujours de l'écume :
      Les jours flottent sans avancer !

Et les jours et les flots semblent ainsi renaître,
Trop pareils pour que l'œil puisse les reconnaître,
Et le regard trompé s'use en les regardant ;
Et l'homme, que toujours leur ressemblance abuse,
Les brouille, les confond, les gourmande, et t'accuse,
      Seigneur !... Ils marchent cependant !

Et quand sur cette mer, las de chercher sa route,
Du firmament splendide il explore la voûte,

Des astres inconnus s'y lèvent à ses yeux ;
Et moins triste, aux parfums qui soufflent des rivages,
Au jour tiède et doré qui glisse des cordages,
  Il sent qu'il a changé de cieux !

Nous donc, si le sol tremble au vieux toit de nos pères,
Ensevelissons-nous sous des cendres si chères,
Tombons enveloppés de ces sacrés linceuls !
Mais ne ressemblons pas à ces rois d'Assyrie
Qui traînaient au tombeau femmes, enfans, patrie,
  Et ne savaient pas mourir seuls !

Qui jetaient au bûcher, avant que d'y descendre,
Famille, amis, coursiers, trésors réduits en cendre,
Espoir ou souvenirs de leurs jours plus heureux,
Et livrant leur empire et leurs dieux à la flamme,
Auraient voulu qu'aussi l'univers n'eût qu'une âme
  Pour que tout mourût avec eux !

LA MORT DE JONATHAS.

FRAGMENT

D'UNE TRAGÉDIE BIBLIQUE.

La scène représente un champ de bataille jonché de morts. — Il est nuit.

SCÈNE IV.

Jonathas blessé, soutenu par un vieillard, son écuyer, entre par le côté opposé de la scène.

JONATHAS, ESDRAS, ÉCUYER DE JONATHAS.

JONATHAS, avançant avec peine.

Où sommes-nous, Esdras? où conduis-tu mes pas?
Laisse-moi!—Tous tes soins ne me sauveront pas!
Mon sang coule à longs flots!—Mes yeux s'appesantissent,
Et mes genoux sans force à chaque pas fléchissent!

ESDRAS, s'efforçant de le conduire plus loin.

Rappelez, ô mon fils! un reste de chaleur!
Ne tombez pas vivant dans les mains du vainqueur!
Encore quelques pas!

JONATHAS, essayant en vain de marcher.

    Ma force m'abandonne !
Sous la main du trépas mon cœur serré frissonne !
C'en est fait ! je succombe !

ESDRAS, désespéré.

     O mortelle douleur !
Il tombe ! et je n'ai pu prévenir son malheur !
A mon maître expirant donner des soins utiles,
Ni d'un fardeau si cher charger mes bras débiles !
Ah ! malheureux vieillard ! loin de le secourir,
Hélas ! à ses côtés tu ne peux que mourir.

JONATHAS, avec effort.

Écoute, cher Esdras, ma dernière prière :
Si cette nuit fatale... épargne au moins mon père,
Raconte-lui ma mort ; dis-lui que Jonathas
N'est pas tombé sans gloire en ses premiers combats.
Dis-lui que pour David j'implore sa clémence,
Que le Seigneur sur moi venge son innocence,
Que je meurs sans me plaindre, et qu'en le bénissant,
Pour son peuple et pour lui j'ai versé tout mon sang !

ESDRAS, baigné de larmes.

Quoi ! je verrais mourir celui que j'ai vu naître !
Ai-je donc tant vécu pour survivre à mon maître ?
O douleur ! — Mais le ciel peut prolonger vos jours :
Si l'aurore vers nous ramenait du secours ?
Si quelque fugitif, aidant mon bras débile,
Vous portait avec moi vers un plus sûr asile ?
J'écoute.—Mais partout un silence de mort !...

JONATHAS.

Va! je n'attends plus rien des hommes ni du sort :
Si seulement, ah Dieu! si je pouvais encore
Étancher d'un peu d'eau la soif qui me dévore!

ESDRAS, parcourant la scène.

Hélas! j'en cherche en vain. Dans ces arides lieux,
Nulle fontaine, ô ciel! ne réjouit mes yeux;
D'aucune source au loin je n'entends le murmure;
Pas une goutte d'eau sur la pâle verdure!

JONATHAS.

Eh bien! tiens, prends mon casque, et là, dans le vallon
Descends, et remplis-le des ondes du Cédron.

ESDRAS, prenant le casque et s'éloignant.

Faut-il le laisser seul! O tardive vieillesse!
O Dieu! rends à mes pas la force et la vitesse.

SCÈNE V.

JONATHAS, SEUL.

Dérobez-moi, Seigneur, aux yeux des Philistins!
Ne laissez pas tomber mes restes dans leurs mains!
Ne livrez pas mes os à la terre étrangère;
Laissez au moins ma cendre à mon malheureux père!
Mon père! Ah! qu'ai-je dit? Dans ce moment, hélas!
Il tombe! il meurt peut-être en nommant Jonathas!
Où donc était David? Michol! sœur adorée!
Combien tu pleureras ma mort prématurée!...
Le Seigneur l'a voulu! béni soit le Seigneur!

Esdras!... il ne vient pas... Une molle langueur
Efface par degrés ma mémoire et mes peines;
Un calme inattendu se répand dans mes veines;
Mes yeux appesantis succombent au sommeil!
Esdras viendra trop tard... Seigneur!... sois mon réveil!

Il s'endort étendu au pied d'un arbre.

SCÈNE VI.

JONATHAS, ENDORMI; SAUL, FUGITIF, ARRIVANT LENTEMENT SUR LA SCÈNE SANS VOIR SON FILS.

SAUL.

Où fuir?... où retrouver dans ces ombres funestes
De mes guerriers détruits les déplorables restes?
Sous le fer ennemi sont-ils donc tombés tous?
Et moi, qui les bravais, seul j'échappe à leurs coups!...

Il cherche à reconnaître le lieu où il se trouve.

Où suis-je?... c'est le camp! voici ces mêmes tentes,
Muettes maintenant, naguère si bruyantes!...
Peuple qu'entre mes mains le ciel avait remis,
C'est donc là ce retour que je t'avais promis?
Qu'un moment a changé ton héros et ton maître!
D'une heure à l'autre, ô ciel! qui peut le reconnaître?
Où sont tous tes enfans, dont les cris belliqueux
Réjouissaient mon camp?—Je te reviens sans eux!
Seul je vis!—et le ciel, constant à me poursuivre,
M'arrache le triomphe et me condamne à vivre!
Et je vivrais!—O honte! et je viendrais m'offrir

A la pitié d'un peuple ardent à m'avilir?
A l'orgueilleux dédain des fils du sanctuaire?
Lâches, qu'enhardirait l'excès de ma misère,
Et qui, sur mes malheurs mesurant leur affront,
D'un reste de bandeau dépouilleraient mon front!
Non, non ; plutôt cent fois de ma main forcenée,
Moi-même, en roi, du moins, faire ma destinée,
Et puisque Dieu l'emporte, et qu'il est le plus fort,
Chercher contre sa haine un abri dans la mort!

Il tire son épée.

Frappons!—Mais Jonathas peut-être vit encore!
Faut-il l'abandonner au rival qui l'abhorre?
Comment ce faible enfant, de traîtres entouré,
Sortirait-il du piége à ses pas préparé?
Que recueillera-t-il de mon triste héritage?
Un trône s'écroulant, la honte et l'esclavage!
Non, non ; bravons pour lui les derniers coups du sort!
Vivons, puisqu'il le faut pour prévenir sa mort!
Malgré le ciel encor conservons l'espérance!
Aux destins, jusqu'au bout, opposons ma constance;
Et s'il me faut tomber, eh bien! tombant en roi,
Que toute ma maison s'engloutisse avec moi!

Saül cherche une issue et s'approche du sycomore au pied duquel
son fils est étendu et endormi.

—Mais où porter mes pas?—où le chercher?—L'aurore
Sur ces sommets sanglans ne brille point encore!
Qui sait si ses rayons ne me montreront pas
Parmi des morts? Grand Dieu! sauve au moins Jonathas!

JONATHAS, à ce mot, se réveillant ; à demi-voix.

Où suis-je?—Quelle voix m'a nommé?

SAUL, étonné.

                          Qui soupire?
Parle! qui que tu sois, que fais-tu là?

Il s'approche précipitamment de l'arbre.

JONATHAS.

                                J'expire!

SAUL.

Quels accens!...

JONATHAS.

      C'est Saül!...

SAUL, éperdu.

                      Est-il vrai? Jonathas!

JONATHAS.

C'est moi!

SAUL, *se précipitant sur son fils.*

Je te retrouve!

JONATHAS.

                  Et je meurs dans vos bras!
Mais avant de fermer mes yeux à la lumière,
Que le ciel soit loué, j'ai pu bénir mon père!

SAUL.

Que vois-je! ô malheureux, il nage dans son sang!
C'est donc ainsi, grand Dieu! que ta main me le rend!
Quel monstre l'a frappé? N'est-il plus d'espérance?
Faut-il mourir aussi?

JONATHAS.

      Vivez pour ma vengeance!

Vivez ; n'espérez pas de conserver mes jours ;
L'instant où je vous parle en achève le cours !
Accordez-moi du moins une dernière grâce ;
Que d'un fils expirant David prenne la place ;
Dieu le chérit, et Dieu rejette votre fils :
Respectons ses décrets ! je meurs et les bénis !

SAUL.

Quoi ! ce nom détesté dans ta bouche est encore ?
Dieu le chérit !... Eh bien ! c'est pourquoi je l'abhorre !
C'est pour lui que de Dieu les décrets inhumains
Ont brisé cette nuit mon sceptre dans mes mains !
C'est pour lui que tu meurs, c'est pour lui que je tombe,
C'est lui qui doit fonder son trône sur ta tombe !
Et tu veux... ! Ah ! plutôt dans son sein abhorré
Que ne puis-je plonger ce fer désespéré ;
L'en retirer fumant pour l'y plonger encore ;
Voir couler dans le tien tout ce sang que j'abhorre ;
Et lorsque sous mes coups son sang aurait coulé,
Me frapper à mon tour et mourir consolé !

Un moment de silence.

— Mais je ne verrai pas son supplice ! — Le lâche
Laisse tout faire au ciel ; il triomphe et se cache !
Il craint ce bras débile ! il attend pour venir
Qu'un traître de ma perte aille le prévenir !
Qu'il vienne, il en est temps, saisir cette couronne,
Qui tombe de mon front et que son Dieu lui donne !
Qu'il vienne rechercher parmi ces flots de sang
Ce sceptre abandonné, ce trône qui l'attend !
Le voici ! — Viens régner sur ces champs de carnage ;

Viens recueillir de moi cet horrible héritage ;
Prends ma place, perfide ! et sur ces tristes bords
Règne sur des déserts, des débris et des morts !

JONATHAS.

Malheureux père ! au nom de mon heure suprême,
Épargnez-moi !—Vivez et rentrez en vous-même ;
N'irritez pas un Dieu si sévère pour nous,
Et par le repentir désarmez son courroux !

SAUL.

Et que me peut ton Dieu ? que me fait sa colère ?
A son courroux enfin que reste-t-il à faire ?
Près du corps déchiré de mon fils expirant
Il m'entraîne, il me voit, il doit être content !
—Va ! tant que j'espérai de conserver ta vie,
J'ai craint ce Dieu, mon fils ; tu meurs, je le défie !
Sa cruauté ne peut accroître mon tourment !
Je tombe sous ses coups, mais en le blasphémant !

JONATHAS.

O ciel ! à nos malheurs n'ajoutez pas ce crime !
—Contentez-vous, ô Dieu ! d'une seule victime ;
Que mon sang vous apaise, et que mon père !...

SAUL, furieux.

                                                 Non !
Non ! je ne veux de toi ni bienfait ni pardon !
Dieu cruel ! Dieu de sang ! je te brave et t'outrage !
Tout ton pouvoir ne peut avilir mon courage !
Tu l'emporte, il est vrai ; mais lorsque tu m'abats,
Je me relève encor pour insulter ton bras !

Je ne me repens pas des crimes de ma vie ;
C'est toi qui les commis et qui les justifie !
C'est toi qui, de mes jours constant persécuteur,
As semé sous mes pas les piéges du malheur !
Et si l'excès des maux a produit l'injustice,
Tu fus de mes forfaits la cause et le complice !
—Tu les punis pourtant!—Tu les punis en moi !
Mais je les vois ailleurs récompensés par toi !
Ce qui fut crime en l'un chez un autre est justice !
La vertu n'est qu'un nom ! ta loi n'est qu'un caprice !
Et ton pouvoir cruel n'a formé les humains
Que pour persécuter l'ouvrage de tes mains !
Eh bien ! par mon supplice exerce ta puissance !
Assouvis tes regards, jouis de ma souffrance !
Jouis ! mais hâte-toi de l'épuiser sur moi ;
Le néant où je cours va m'arracher à toi !

JONATHAS, d'une voix éteinte.

O blasphème ! Épargnez, Dieu clément !... O mon père !
Que cet égarement rend ma mort plus amère !
—Ne vous souvenez pas, Seigneur, de ces discours !
Seigneur, votre justice a compté tous nos jours !
Nos destins sont écrits dans vos lois éternelles,
Nos mérites pesés dans vos mains immortelles !
L'homme, œuvre de ces mains, pourra-t-il murmurer?
Osera-t-il juger ce qu'il doit adorer ?
Ah ! si la nuit des sens ici nous presse encore,
La mort ouvre nos yeux à l'éternelle aurore !
Je la sens ! ô Saül ! quelle immense clarté !
Mon père ! jour divin ! céleste vérité !

Que ces rayons sacrés consolent ma paupière!...
Que le Seigneur m'est doux à mon heure dernière!...
Mon âme dans son sein s'exhale sans effort!
Mon père!... adieu... Seigneur, recevez...

Il meurt.

SAUL, contemplant le corps de son fils.

           Il est mort!...
Il est mort!... la voilà, cette longue espérance,
Ces destins éternels promis à ma puissance.
Oracles imposteurs! à mon peuple, à mon fils,
A toute ma grandeur, malheureux, je survis!
Comme un astre tombant qui brille et qui s'efface,
J'ai vu briller et fuir tout l'espoir de ma race!
Et moi!... vieilli, défait, et pleurant sur des morts,
Vaincu, je reste seul!... seul avec mes remords!
Mourons donc! venez tous jouir de mon supplice.
Vous, ombres qu'immola ma sanglante injustice,
Dans le sang de mon fils voyez couler mon sang!
Mais je ne vous vois pas à ce dernier instant,
Mânes persécuteurs, auteurs de ma misère!
Quoi! vous m'abandonnez à mon heure dernière?
Quoi! vous ne venez pas vous disputer mon corps?
Quoi donc! connaîtrait-on la pitié chez les morts?
Eh bien! ma propre main vous apaise et vous venge!
Recevez tout mon sang! enivrez-vous....

Il entend les pas des guerriers, les cris des vainqueurs.

              Qu'entends-je?
Mon nom!... Vous me cherchez, barbares ennemis!
Vous me trouverez là, sur le corps de mon fils!

Qui n'est tombé que mort n'est pas tombé sans gloire !
Les voici ! Hâtons-nous, frappons, mourons !

Il se perce de son épée sur le corps de Jonathas.

SCÈNE VII.

DAVID, ARRIVANT.

Des guerriers poussent un cri en se précipitant sur la scène.

Victoire !

FIN DES HARMONIES.

POÉSIES DIVERSES.

Le numéro de la *Némésis* du 3 juillet 1831 contient une satire aussi injuste qu'amère contre M. de Lamartine. On lui reproche l'usage le plus légitime des droits du citoyen, l'honorable candidature qu'il a acceptée dans le Nord et dans le Var; on semble lui interdire de prononcer le nom d'une liberté qu'il a aimée et chantée avant ses accusateurs. On lui reproche aussi d'avoir reçu de ses libraires le prix de ses ouvrages. Poëte attaqué par un poëte, il a cru devoir lui répondre dans sa langue, et il a écrit cette ode dans la chaleur de la lutte, le jour même de l'élection.

POÉSIES DIVERSES.

A NÉMÉSIS.

Non, sous quelque drapeau que le barde se range,
La muse sert sa gloire et non ses passions !
Non, je n'ai pas coupé les ailes de cet ange
Pour l'atteler hurlant au char des factions !
Non, je n'ai point couvert du masque populaire
Son front resplendissant des feux du saint parvis,
Ni pour fouetter et mordre, irritant sa colère,
  Changé ma muse en Némésis !

D'implacables serpens je ne l'ai point coiffée !
Je ne l'ai pas menée une verge à la main,
Injuriant la gloire avec le luth d'Orphée,
Jeter des noms en proie au vulgaire inhumain ;
Prostituant ses vers aux clameurs de la rue,
Je n'ai pas arraché la prêtresse au saint lieu ;
A ses profanateurs je ne l'ai pas vendue
  Comme Sion vendit son dieu !

Non, non : je l'ai conduite au fond des solitudes
Comme un amant jaloux d'une chaste beauté ;

J'ai gardé ses beaux pieds des atteintes trop rudes
Dont la terre eût blessé leur tendre nudité!
J'ai couronné son front d'étoiles immortelles,
J'ai parfumé mon cœur pour lui faire un séjour,
Et je n'ai rien laissé s'abriter sous ses ailes
  Que la prière et que l'amour!

L'or pur que sous mes pas semait sa main prospère
N'a point payé la vigne ou le champ du potier;
Il n'a point engraissé les sillons de mon père,
Ni les coffres jaloux d'un avide héritier:
Elle sait où du ciel ce divin denier tombe.
Tu peux sans le ternir me reprocher cet or!
D'autres bouches un jour te diront sur ma tombe
  Où fut enfoui mon trésor!

Je n'ai rien demandé que des chants à sa lyre,
Des soupirs pour une ombre et des hymnes pour Dieu!
Puis quand l'âge est venu m'enlever son délire,
J'ai dit à cette autre âme un trop précoce adieu:
Quitte un cœur que le poids de la patrie accable!
Fuis nos villes de boue et notre âge de bruit!
Quand l'eau pure des lacs se mêle avec le sable,
  Le cygne remonte et s'enfuit!

Honte à qui peut chanter pendant que Rome brûle,
S'il n'a l'âme et la lyre et les yeux de Néron!
Pendant que l'incendie en fleuve ardent circule
Des temples aux palais, du cirque au Panthéon!
Honte à qui peut chanter pendant que chaque femme

A NÉMÉSIS.

Sur le front de ses fils voit la mort ondoyer,
Que chaque citoyen regarde si la flamme
    Dévore déjà son foyer !

Honte à qui peut chanter pendant que les sicaires
En secouant leur torche aiguisent leurs poignards,
Jettent les dieux proscrits aux rires populaires,
Ou traînent aux égouts les bustes des Césars !
C'est l'heure de combattre avec l'arme qui reste !
C'est l'heure de monter au rostre ensanglanté !
Et de défendre au moins de la voix et du geste
    Rome, les dieux, la liberté !

La liberté ! ce mot dans ma bouche t'outrage ?
Tu crois qu'un sang d'ilote est assez pur pour moi,
Et que Dieu de ses dons fit un digne partage,
L'esclavage pour nous, la liberté pour toi ?
Tu crois que de Séjan le dédaigneux sourire
Est un prix assez noble aux cœurs tels que le mien,
Que le ciel m'a jeté la bassesse et la lyre,
    A toi l'âme du citoyen ?

Tu crois que ce saint nom qui fait vibrer la terre,
Cet éternel soupir des généreux mortels
Entre Caton et toi doit rester un mystère,
Que la liberté monte à ses premiers autels ?
Tu crois qu'elle rougit du chrétien qui l'épouse ?
Et que nous adorons notre honte et nos fers
Si nous n'adorons pas ta liberté jalouse
    Sur l'autel d'airain que tu sers ?

Détrompe-toi, poëte! et permets-nous d'être hommes!
Nos mères nous ont faits tous du même limon!
La terre qui vous porte est la terre où nous sommes,
Les fibres de nos cœurs vibrent au même son!
Patrie et liberté, gloire, vertu, courage,
Quel pacte de ces biens m'a donc déshérité?
Quel jour ai-je vendu ma part de l'héritage,
  Ésaü de la liberté?

Va! n'attends pas de moi que je la sacrifie
Ni devant vos dédains ni devant le trépas!
Ton dieu n'est pas le mien, et je m'en glorifie;
J'en adore un plus grand qui ne te maudit pas!
La liberté que j'aime est née avec notre âme
Le jour où le plus juste a bravé le plus fort;
Le jour où Jéhova dit aux fils de la femme :
  Choisis, des fers ou de la mort!

Que ces tyrans divers dont la vertu se joue
Selon l'heure et les lieux s'appellent peuple ou roi,
Déshonorent la pourpre, ou salissent la boue,
La honte qui les flatte est la même pour moi!
Qu'importe sous quel pied se courbe un front d'esclave?
Le joug d'or ou de fer n'en est pas moins honteux!
Des rois tu l'affrontas, des tribuns je le brave;
  Qui fut moins libre de nous deux?

Fais-nous ton dieu plus beau si tu veux qu'on l'adore,
Ouvre un plus large seuil à ses cultes divers!
Repousse du parvis que leur pied déshonore

La vengeance et l'injure aux portes des enfers !
Écarte ces faux dieux de l'autel populaire,
Pour que le suppliant n'y soit pas insulté !
Sois la lyre vivante et non pas le cerbère
     Du temple de la liberté !

Un jour de nobles pleurs laveront ce délire,
Et ta main, étouffant le son qu'elle a tiré,
Plus juste arrachera des cordes de ta lyre
La corde injurieuse où la haine a vibré !
Mais moi j'aurai vidé la coupe d'amertume
Sans que ma lèvre même en garde un souvenir :
Car mon âme est un feu qui brûle et qui parfume
     Ce qu'on jette pour la ternir !

A

MADEMOISELLE DELPHINE GAY *.

Saint-Point, 29 juillet 1829.

Celui qui voit briller ces Alpes, d'où l'aurore,
Comme un aigle, qui prend son vol du haut des monts,
D'une aile étincelante ouvre les cieux, et dore
    Les neiges de leurs fronts;

Celui-là, l'œil frappé de ces hauteurs sublimes,
Croit que ces monts glacés qu'il admire et qu'il fuit,
Ne sont qu'affreux déserts, rochers, torrens, abîmes,
    Foudres, tempête et bruit!

Mesurons-les de loin, dit-il; mais si sa route
Le conduit jusqu'aux flancs d'où pendent leurs forêts,
S'il pénètre au vain bruit de leurs eaux qu'il écoute
    Dans leurs vallons secrets,

Il y trouve, ravi, des solitudes vertes,
Dont l'agneau broute en paix le tapis velouté,
Des vergers pleins de dons, des chaumières ouvertes
    A l'hospitalité;

* Aujourd'hui madame Émile de Girardin.

Des sources sous le hêtre, ainsi que dans la plaine,
De frais ruisseaux dont l'œil aime à suivre les bonds,
De l'ombre, des rayons, des brises dont l'haleine
  Plie à peine les joncs;

Des coteaux aux flancs d'or, de limpides vallées,
Et des lacs étoilés des feux du firmament,
Dont les vagues d'azur et de saphir mêlées
  Se bercent doucement;

Il entend ces doux bruits de voix qui se répondent,
De murmures du soir qui montent des hameaux,
De cloches des troupeaux, de chants qui se confondent
  Aux sons des chalumeaux;

Marchant sur des tapis d'herbe en fleurs et de mousses:
Ah! dit-il, que ces lieux me gardent à jamais!
La nature a caché ses grâces les plus douces
  Sous ses plus hauts sommets!

Ainsi les noms qu'au ciel la renommée élève,
De leur éclat lointain semblent nous consumer;
Jalouse de ses dons, la gloire leur enlève
  Tout ce qui laisse aimer!

Ainsi quand je te vis, jeune et belle victime,
Qu'un génie éclatant choisit pour son malheur,
Je cherchai sur ton front le rayon qui t'anime
  Et je fermai mon cœur;

Mais un jour, c'était l'heure où le soin du ménage
Retient la jeune fille à son foyer pieux,
Où l'on n'a pas encor composé son visage
　　　　Pour l'œil des envieux ;

J'entrai comme un ami qui vient avec l'aurore
Solliciter sans bruit la porte d'un ami,
Qui l'entr'ouvre et du seuil que son pied touche encore
　　　　Demande : A-t-il dormi ?

Les meubles dispersés dans la salle nocturne,
La lampe qui fumait, oubliée au soleil,
Étalaient ce désordre, emblème taciturne
　　　　D'une nuit sans sommeil :

Des harpes et des chants, souvenirs d'une fête,
Des livres échappés à des doigts assoupis,
Et des feuilles de fleurs qui couronnaient ta tête
　　　　Y jonchaient les tapis.

La veille avait flétri de ta blanche parure
Les longs plis qu'à ton sein le nœud pressait encor,
Et tes cheveux cendrés jusques à ta ceinture
　　　　Roulaient leurs ondes d'or ;

Ton visage était pâle, une sombre pensée
De ton front incliné lentement s'effaçait,
Et dans ta froide main ta main entrelacée
　　　　Sur tes genoux glissait.

Au bord de tes yeux bleus tremblaient deux larmes pures ;
La pervenche à ses fleurs ainsi voit s'étancher
Deux perles de la nuit que des feuilles obscures
    Empêchent de sécher !

Sur tes lèvres collé, ton doigt disait : Silence !
Car l'enfant de ta sœur dormait dans son berceau,
Et ton pied suspendu le berçait en cadence
    Sous son mobile arceau.

La mort avait jeté son ombre passagère
Sur cette jeune couche ; et dans ton œil troublé,
Dans ton sein virginal tout le cœur d'une mère
    D'avance avait parlé,

Et tu pleurais de joie, et tu tremblais de crainte,
Et quand un seul soupir trahissait le réveil,
Tu chantais au berceau l'amoureuse complainte
    Qui le force au sommeil !

Ah ! qu'une autre te voie, enfant de l'harmonie,
Trouvant que sur les cœurs un empire est trop peu,
Lancer d'un seul regard l'amour et le génie,
    La lumière et le feu !

Qu'il t'écoute chanter comme un autre respire,
Comme le vent murmure en s'exhalant des bois,
Harpe ! écho de nos cœurs ! et dont chaque vent tire
    Une seconde voix !

Pour moi, quand la mémoire évoque ton image,
Je te vois, l'œil éteint par la veille et les pleurs,
Sans couronne et sans lyre, et penchant ton visage
      Sur un lit de douleurs !

Je t'entends murmurer ces simples mots de l'âme
Que la douleur enseigne à ce qui sait sentir !
Et ces chants enfantins que la plus humble femme
      Fait le mieux retentir !

Et je dis en moi-même : Oh ! périsse la lyre !
De la gloire à son cœur le calice est amer !
Le génie est une âme : on l'oublie, on l'admire ;
      Elle savait aimer !

L'étoile de la gloire, astre de sombre augure,
Semblable à l'insensé qui secoue un flambeau,
Éblouissant nos jours, les pousse à l'aventure
      Vers un brillant tombeau.

L'étoile de la femme est la pâle lumière
Qui se cache le jour dans l'azur étoilé,
Monde mystérieux que seule à la paupière
      La nuit a révélé !

Sur le front qui l'admire elle luit en silence ;
Elle illumine à peine un point du firmament,
Et de ses doux rayons l'amoureuse influence
      N'enivre qu'un amant !

A

MADAME DESBORDES-VALMORE.

Souvent sur des mers où se joue
La tempête aux ailes de feu,
Je voyais passer sous ma proue
Le haut mât que le vent secoue,
Et pour qui la vague est un jeu!

Ses voiles ouvertes et pleines
Aspiraient le souffle des flots,
Et ses vigoureuses antennes
Balançaient sur les vertes plaines
Ses ponts chargés de matelots.

La lame en vain dans sa carrière
Battait en grondant ses sabords;
Il la renvoyait en poussière,
Comme un coursier sème en arrière
La blanche écume de son mors!

Longue course à l'heureux navire,
Disais-je : en trois bonds il a fui !
La vaste mer est son empire,

Son horizon n'a que sourire,
Et l'univers est devant lui!

Mais, d'une humble voile sur l'onde
Si je distinguais la blancheur,
Esquif que chaque lame inonde,
Seule demeure qu'ait au monde
Le foyer flottant du pêcheur;

Lorsqu'au soir sur la vague brune,
La suivant du cœur et de l'œil,
Je m'attachais à sa fortune,
Et priais les vents et la lune
De la défendre de l'écueil;

Sous une voile, dont l'orage
En lambeaux déroulait les plis,
Je voyais le frêle équipage
Disputer son mât qui surnage
Aux coups des vents et du roulis.

Debout, le père de famille
Labourait les flots divisés,
Le fils manœuvrait, et la fille
Recousait avec son aiguille
La voile ou les filets usés.

Des enfans accroupis sur l'âtre,
Soufflaient la cendre du matin;
Et déjà la flamme bleuâtre

Égayait le couple folâtre
De l'espoir d'un frugal festin.

Appuyée au mât qui chancelle,
Et que sa main tient embrassé,
La mère les couvait de l'aile
Et suspendait à sa mamelle
Le plus jeune à son cou bercé.

Ils n'ont, disais-je, dans la vie
Que cette tente et ces trésors ;
Ces trois planches sont leur patrie,
Et cette terre en vain chérie
Les repousse de tous ces bords !

En vain de palais et d'ombrage,
Ce golfe immense est couronné.
Ils n'ont, pour tenir au rivage,
Que l'anneau rongé par l'orage,
De quelque môle abandonné !

Ils n'ont pour fortune et pour joie,
Que les refrains de leurs couplets ;
L'ombre que la voile déploie ;
La brise que Dieu leur envoie,
Et ce qui tombe des filets !

Cette pauvre barque, ô Valmore,
Est l'image de ton destin.
La vague, d'aurore en aurore,

Comme elle te ballotte encore
Sur un océan incertain !

Tu ne bâtis ton nid d'argile
Que sous le toit du passager ;
Et comme l'oiseau sans asile
Tu vas glanant de ville en ville
Les miettes du pain étranger.

Ta voix enseigne avec tristesse
Des airs de fête à tes petits ;
Pour qu'attendri de leur faiblesse
L'oiseleur les épargne, et laisse
Grandir leurs plumes dans les nids !

Mais l'oiseau que ta voix imite,
T'a prêté sa plainte et ses chants,
Et plus le vent du nord agite
La branche où ton malheur s'abrite,
Plus ton âme a des cris touchans !

Du poëte c'est le mystère :
Le luthier qui crée une voix
Jette son instrument à terre,
Foule aux pieds, brise comme un verre
L'œuvre chantante de ses doigts ;

Puis d'une main que l'art inspire
Rajustant ces fragmens meurtris,
Réveille le son et l'admire,

Et trouve une voix à sa lyre,
Plus sonore dans ses débris!...

Ainsi le cœur n'a de murmures
Que brisé sous les pieds du sort!
L'âme chante dans les tortures;
Et chacune de ses blessures
Lui donne un plus sublime accord!

Sur la lyre où ton front s'appuie
Laisse donc résonner tes pleurs!
L'avenir du barde est la vie;
Et les pleurs que la gloire essuie
Sont le seul baume à ses douleurs!

LA CLOCHE.

A MADAME TASTU.

Dans le clocher de mon village
Il est un sonore instrument,
Que j'écoutais dans mon jeune âge
Comme une voix du firmament.

Quand, après une longue absence,
Je revenais au toit natal,
J'épiais dans l'air, à distance,
Les doux sons du pieux métal.

Dans sa voix je croyais entendre
La voix joyeuse du vallon;
La voix d'une sœur douce et tendre,
D'une mère émue à mon nom!

Maintenant quand j'entends encore
Ses sourds tintemens sur les flots,
Chaque coup du battant sonore
Me semble jeter des sanglots.

LA CLOCHE.

Pourquoi? Dans la tour isolée
C'est le même timbre argentin;
Le même hymne sur la vallée,
Le même salut au matin!

Ah! c'est que depuis le baptême
La cloche au triste tintement
A tant sonné pour ceux que j'aime
L'agonie et l'enterrement!

C'est qu'au lieu des jeunes prières
Ou du *Te Deum* triomphant,
Il fait vibrer les froides pierres
De ma mère et de mon enfant!

Ainsi quand ta voix si connue
Revint hier me visiter,
Je crus que du haut de la nue
L'ancienne joie allait chanter.

Mais, hélas! du divin volume
Où tes doux chants m'étaient ouverts
Je ne sais quel flot d'amertume
Coulait en moi dans chaque vers!

C'est toujours le même génie,
La même âme, instrument humain;
Mais avec la même harmonie,
Comme tout pleure sous ta main!

Ah! pauvre mère! Ah! pauvre femme!
On ne trompe pas le malheur;
Les vers sont le timbre de l'âme;
La voix se brise avec le cœur.

Toujours au sort le chant s'accorde.
Tu veux sourire en vain; je voi
Une larme sur chaque corde
Et des frissons sur chaque doigt.

A ces vains jeux de l'harmonie
Disons ensemble un long adieu.
Pour sécher les pleurs du génie
Que peut la lyre? Il faut un Dieu.

REGRETS.

MADEMOISELLE ÉLISE MOREAU

A M. A. DE LAMARTINE *.

SUR LA MORT DE SA FILLE.

> ..... Elle avait seize ans!... c'est bien tôt pour mourir.....
> LAMARTINE.

I.

Lorsque le crépuscule abandonnant la terre,
Jette un dernier reflet sur la voûte des cieux,
Aux lueurs du flambeau de l'astre du mystère,
Seule j'aime à gravir les monts silencieux.

Comme un ange qui vole aux plaines immortelles,
Mon âme, recouvrant toute sa pureté,
S'élance d'ici-bas, et, déployant ses ailes,
    Se plonge dans l'immensité.

* Cette pièce de vers est extraite d'un recueil de poésies publiées par mademoiselle Élise Moreau sous le titre de *Rêves d'une jeune fille*.

Là, voguant au travers de ces mondes sans nombre
Que n'entrevit jamais un profane mortel,
Au temple de l'agneau se glissant comme une ombre,
Elle vient s'incliner aux pieds de l'Éternel.

Palais du Roi des rois, régions fortunées,
Qu'en songe le poëte aime à vous parcourir!
Heureux! il n'entend plus le torrent des années
Qui murmure aux humains : « Vous naissez pour souffrir. »

Digne objet de mes chants, ô vous dont le génie
Inventa des accords si magiques, si doux,
N'est-ce pas, la douleur du poëte est bénie?
Chantre du Tout-Puissant, qui le sait mieux que vous!

Quelle ardeur vous guida vers ces cités antiques
Que le Christ arrosa de son sang précieux ;
Où de Jérusalem les vallons romantiques
Comme un songe d'amour éblouirent vos yeux?

Ah! sans doute, le soir, dans ces vastes prairies
Que baigne le Jourdain avec ses flots dorés,
Vous veniez égarer vos saintes rêveries,
Et chanter de David les cantiques sacrés?...

Puis un ange était là !... L'étoile qui scintille
Quand la nuit sur le ciel fait flotter ses cheveux,
Est moins douce aux regards que cette jeune fille
Qui vous nommait son père, et comblait tous vos vœux...

Combien ces tendres soins parfumaient votre vie !
Vos jours coulaient près d'elle inondés de bonheur ;
Tout à coup, ô destin ! elle vous est ravie !
Morte !!! morte à douze ans !... Tu l'as voulu, Seigneur !...

Moi je sais la douleur, inconsolable père.
Je suis jeune, et pourtant j'ai déjà bien pleuré ;
Et j'ai compris vos maux, quand votre enfant si chère,
S'enfuit comme une sainte au palais éthéré.

Il est cruel, poignant, de perdre ceux qu'on aime ;
C'est un énorme poids qui tombe sur le cœur.
La mort, monstre inhumain, qui fit pâlir Dieu même,
Enveloppe nos jours d'un réseau de douleur.

Qui vous eût dit, hélas ! que la vierge naïve
Que vous veniez baiser au front chaque matin,
Serait comme la fleur dans les déserts captive,
Qu'un souffle du Simoun finirait son destin !

Mais sur ce globe sombre où toujours le génie
A chacun de ses pas brise une illusion,
Et ne trouve en passant dans les champs de la vie
      Que chagrins et déception ;

Ah ! dites, qu'aurait fait votre fille, ô poëte ?
Si dès le frais matin de ses joyeux quinze ans,
Émue au bruit des vents jouant dans la tempête,
Elle avait essayé de timides accens ?

Ah! ce qu'elle aurait fait?... Dans un jour de délire,
Au livre de la gloire elle aurait voulu lire!
Sous ses doigts délicats votre harpe eût vibré ;
Sa belle âme eût plané loin, bien loin de la terre ;
Elle eût voulu des cieux sonder le grand mystère,
Et triste, ainsi que moi, peut-être elle eût pleuré!...

Elle ne pleura point... De son jeune visage
Le soleil d'Orient dévorait les couleurs ;
Dieu lui dit : « Viens, enfant, fuis cette aride plage,
« Viens, dirige tes pas vers le sacré rivage ;
« D'une gloire immortelle on y cueille les fleurs... »

Loin d'un père adoré si l'on peut être heureuse,
Elle l'est au séjour du bonheur éternel ;
Mais de ce lieu d'exil, son ombre vaporeuse
Sans doute quelquefois descend toute rêveuse,
Et vient errer le soir près du toit paternel ?...

A l'heure où tout s'endort, lorsqu'une fraîche brise
Passe comme un oiseau sur les bords de l'Autise*,
Sous un bosquet ombreux, Lamartine, je fuis,
Pour pleurer Julia dans le calme des nuits ;
Puis je crois voir un ange aux deux ailes de flamme,
Qui me montre une étoile, en disant : C'est son âme !
L'astre charmant sur moi jette un regard d'amour,
Et son rayon se glisse au terrestre séjour...

* Petite rivière.

II.

Écoutons ► la nuit en silence
Roule son char vers le couchant;
La pâle lune se balance
Entre des nuages d'argent;
Oh! quel charme dans la nature!
Le zéphyr mollement murmure,
La blanche colombe a gémi;
Le rossignol plaintif soupire
Des airs doux comme le sourire
D'un enfant qui dort à demi!

Combien d'images gracieuses,
A mes regards viennent s'offrir!
Des ombres en robes soyeuses
Autour de moi semblent courir!
Des voix qui n'ont rien de la terre
Parlent tout bas avec mystère
Près de moi, pauvre solitaire,
Qui rêve quand le jour a fui;
Qu'il est sublime, ce langage!
Le doux bruit des flots sur la plage
Est moins harmonieux que lui!

Vous dont la parole magique
Semble un soupir du roi des cieux;
Poëte à la voix séraphique,

Vous, l'Ovide des cœurs pieux,
N'est-ce pas? Oui, c'était bien l'heure
Où pensif au pied des autels,
Comme un timide enfant qui pleure,
Vous disiez vos vers immortels?

Oh! reprenez encor la lyre,
Invoquez le grand Jéhova;
Comme un chérubin qui délire,
Chantez... la terre applaudira...

Mais si vous gardez le silence,
Si désormais l'on n'entend plus
Cette harmonieuse cadence
Qui vibrait aux cœurs des élus;

Quel autre après vous, grand poëte,
Osera louer le Seigneur?
Qui saisira cette palette,
Éblouissante de fraîcheur?

Qui serait assez téméraire,
Pour vous suivre au plus haut des cieux,
Et jusqu'au sacré sanctuaire
Poser un pied audacieux?

Qui pourrait, planant dans l'espace,
Comme l'aigle amant des déserts,
Du Très-Haut contempler la face
Que voile le feu des éclairs?

Quel autre le soir, sur la grève,
Modulerait des chants plaintifs
Au bruit de l'onde que soulève
La rame des légers esquifs ?

Oh! reprenez encor la lyre,
Invoquez le grand Jéhova;
Comme un chérubin qui délire,
Chantez... la terre applaudira.

Hier, à l'heure où la nuit pâle
Vient couvrir le vaste univers,
Un fantôme en robe d'opale
Glissa lentement sur les airs;
Puis une douce symphonie
Roula des torrens d'harmonie
Enivrans à faire mourir;
Et l'ombre au céleste visage
Fit entendre au vallon sauvage,
Sa voix faible comme un soupir...

« Chantre du Dieu puissant qui nous donna la vie,
« Doux ami qui souvent m'endormis sur ton cœur;
« Mon père, entends la voix de ton enfant chérie :
   « Oh! célèbre encor le Seigneur !

« Et puis souris aux chants d'une humble jeune fille,
« Pauvre fleur du désert, faible étoile qui brille,
« Ou plutôt qui s'éteint sous un ciel tout en deuil;

« A peine de la vie elle a touché le seuil,
« Que la main du malheur pâlit son front qui penche :
« Mon père, souviens-toi de cette rose blanche
   « Qu'elle jette sur mon cercueil... »

RÉPONSE DE M. A. DE LAMARTINE

A MADEMOISELLE ÉLISE MOREAU.

Que le ciel et mon cœur bénissent ta pensée !
Tu pleures avec moi ce que la mort m'a pris !
Oh ! que par ta pitié cette larme versée
    Devienne une perle sans prix !...

Que l'ange de ton cœur devant Dieu la suspende
Pour la faire briller de la splendeur des cieux ;
Et qu'en larmes de joie un jour il te les rende,
    Ces pleurs, aumône de tes yeux !...

A M. CHARLES NODIER.

DE LA PART DE L'AUTEUR,

SON ADMIRATEUR ET SON AMI.

Saint-Point, 30 décembre 1823

Couché dans sa barque flottante,
Et des vagues suivant le cours,
Comme nous le nautonier chante
Pour tromper la longueur des jours;
C'est en vain qu'une ombre chérie,
Ou l'image de la patrie,
Rappellent son cœur sur les bords!
Il chante, et sa voix le console;
Et le vent qui sur l'onde vole
Prend sa peine avec ses accords!

L'IDÉE ÉTERNELLE.

Qu'il est doux pour l'âme qui pense
Et flotte dans l'immensité

à Mr Charles Nodier De la part de J. autheur Son admirateur
et Son ami.

Couché dans Sa barque flottante
et des Vagues suivant le cours
comme nous, le batelier chante
pour tromper la longueur des Jours ;
c'est en vain, qu'une ombre chérie
ou l'image de la patrie
Rappellent Son cœur sur les bords !
il chante, et Sa voix le console
et le vent qui Sur l'onde vole
prend Sa peine avec Ses accords !

St Point 20 Decembre 1823.
Alph. de Lamartine

Entre le doute et l'espérance,
La lumière et l'obscurité,
De voir une idée éternelle
Luire sans cesse au-dessus d'elle,
Comme une étoile aux feux constans,
La consoler sous ses nuages,
Et lui montrer les doux rivages
Blanchis de l'écume du temps!

VERS A M. TRAMBLY,

AUTEUR DE L'OENOLOGIE *,

EN LUI OFFRANT LE DEUXIÈME VOLUME DES MÉDITATIONS.

Muse aimable! fille d'Horace!
Qui presses dans tes doigts la coupe des festins,
Sur ton front virginal que l'ivresse a de grâce!
Le pampre de nos bords dans tes cheveux s'enlace
    Au laurier brillant des Latins.

Peut-être qu'en t'offrant ces vers mouillés de larmes,
L'ombre de ma douleur pourra ternir tes charmes ;
Mais souviens-toi qu'Horace, en chantant le plaisir,

---

* *L'OEnologie*, poëme didactique, en quatre chants, suivi de notes historiques.

De la mort quelquefois accueillait la pensée,
Et laissait échapper de sa lyre glacée
　　Un triste et sublime soupir!

Comme pour flatter l'œil, en couronnant son verre,
Sa main voluptueuse entremêlait parfois
　　Le sombre feuillage du lierre
Aux roses de Pæstum qui mouraient sous ses doigts.

A M. TRAMBLY,

AUTEUR D'UNE ÉPITRE AU POËTE SENECÉ,

NÉ A MACON, LE 13 OCTOBRE 1643.

De Senecé l'ombre aimable et gentille
Dans ce château, par sa lyre ennobli,
Revint un jour des rives de l'oubli;
Le sombre ennui le reçut à la grille :
Lors il s'enfuit; puis, se tournant devers
L'humble ermitage où, malgré cent hivers,
Dans tes chansons sa verve encor pétille,
Avec surprise il écouta tes airs :
Holà! dit-il, reconnaissant ses vers,
Mon héritier n'est pas de ma famille.

VERS SUR UN ALBUM.

Le livre de la vie est le livre suprême
Qu'on ne peut ni fermer ni rouvrir à son choix;
Le passage attachant ne s'y lit pas deux fois,
Mais le feuillet fatal se tourne de lui-même :
On voudrait revenir à la page où l'on aime,
Et la page où l'on meurt est déjà sous nos doigts!

VERS

INSCRITS SUR L'ALBUM DE MADEMOISELLE NODIER.

Que pour toi, belle enfant, au printemps de ton âge,
Du livre du destin ce livre soit l'image!
L'amitié par mes mains à tes yeux va l'ouvrir;
De ses aveux plus tard l'amour va le couvrir;
Puissent-ils, de tes jours écartant tout nuage,
Confondre encor leurs pleurs à la dernière page!

VERS

INSCRITS SUR L'ALBUM DE MADAME V... H...

Descends sur ce livre enchanté,
Esprit d'amour et d'harmonie;
Descends des yeux de la beauté,
Descends des lèvres du Génie!

VERS SUR UN ALBUM.

Sur cette page blanche où mes vers vont éclore,
Qu'un regard quelquefois ramène votre cœur.
De votre vie aussi la page est blanche encore;
Que ne puis-je y graver un seul mot : Le bonheur!

A UNE JEUNE PERSONNE

QUI PRÉDISAIT L'AVENIR.

Plein d'un instinct divin de gloire et de tendresse,
Et d'un feu que mon cœur ne pouvait contenir,
    J'ai consulté dans ma jeunesse
Des oracles charmans et chers au souvenir !
    Plus d'une jeune prophétesse
De l'éclat de ses yeux m'éclaira l'avenir.
Ah ! qu'il est doux d'y lire en ces momens d'ivresse !

Plus tard j'ai mis la main sur les seins palpitans
De ces beautés de marbre, aux regards de sibylles.
Leurs temples sont muets, leurs lèvres immobiles ;
Le passé parle seul dans ces débris du temps !

Aujourd'hui que du soir l'ombre sur moi s'avance,
Je n'interroge plus ; l'oracle a prononcé,
Et pour moi l'avenir est semblable au passé,
    Moins ses erreurs et l'espérance !

En vain sous le mystère où se cache le sort,
Le regard des humains dans l'avenir s'enfonce ;
Le jour, hélas ! dément ce que la veille annonce ;
Notre âme se consume en inutile effort :

A UNE JEUNE PERSONNE.

Le destin n'a pour tous qu'une même réponse,
    L'oubli, le silence et la mort!

Ne soulève donc plus, ô jeune prophétesse,
Le rideau dont la vie aime à s'environner.
Chaque heure apporte un rêve et trompe une promesse;
Ne tresse plus d'erreurs pour nous en couronner!
Mais si tu veux encor qu'à l'oracle on s'adresse,
Ne prédis de bonheur, ô jeune prophétesse,
    Que celui que tu peux donner!

LE RETOUR.

Vallon, rempli de mes accords,
Ruisseau, dont mes pleurs troublaient l'onde,
Prés, colline, forêt profonde;
Oiseaux, qui chantiez sur ces bords!

Zéphyr, qu'embaumait son haleine,
Sentiers, où sa main tant de fois
M'entraînait à l'ombre des bois,
Où l'habitude me ramène!

Le temps n'est plus! mon œil glacé,
Qui vous cherche à travers ses larmes,
A vos bords, jadis pleins de charmes,
Redemande en vain le passé!

La terre est pourtant aussi belle,
Le ciel aussi pur que jamais!
Ah! je le vois, ce que j'aimais,
Ce n'était pas vous, c'était elle!

RÉPONSE A UN VIEIL AMI.

A M. RONOT.

Non, le temps en vain accumule
Tant de jours flétris sous mes pas;
Mon cœur où tant de feu circule
Se dépouille et ne vieillit pas.
En vain, dans mon fil qu'il déroule,
Le sort mêle joie et malheurs;
En vain mon eau pure s'écoule
Avec l'amertume des pleurs;
En vain le gazon que je foule,
La feuille qui sous mon pied roule,
Me renouvelant mes douleurs,
Me disent d'oublier la foule
Pour chercher ce que j'aime ailleurs !
Quand je revois ce doux rivage
Où pour mon âme tout est voix,
Où chaque murmure des bois,
Où chaque flot, chaque nuage,
Sont un regret, sont une image,
Sont un entretien d'autrefois,
L'amitié, ce soleil de l'âme,

Me ranimant de sa chaleur,
Fond ma neige à sa tiède flamme
Et me rend le printemps du cœur !
Oui, tu dis vrai : ce cœur écoute
Le triste charme de ces vers ;
Tant qu'il restera sur ma route
Quelques-uns de ces êtres chers,
Comme ces arbres dont la voûte
Verdit la neige des hivers,
Aux vieux amis qui m'ont vu naître
Mon cœur ne saurait se fermer :
Toujours vieux pour les reconnaître,
Toujours jeune pour les aimer.

AUX ENFANS

DE MADAME LÉONTINE DE GENOUDE.

Pauvres petits enfans, qui demandez sans cesse
A votre père en deuil ce que c'est que la mort,
Et pourquoi vos berceaux s'éveillent sans caresse,
Et quand donc finira le sommeil qu'on y dort;

Taisez-vous, grandissez : vous n'aurez plus qu'en songe
Ces baisers sur le front, ces doigts dans vos cheveux,
Ce nid sur deux genoux où votre cou se plonge,
Ce cœur contre vos cœurs et ces yeux dans vos yeux.

L'amour qui vous sevra vous fait la vie amère :
Votre lait s'est tari, comme à ce pauvre agneau
Qu'un pasteur vigilant sépare de sa mère
Pour lui faire brouter l'herbe avec le troupeau.

Vous n'aurez qu'une vague et lointaine mémoire
De tout ce qu'au matin la vie a de plus doux,
Et l'amour maternel ne sera qu'une histoire
Qu'un père vous dira, seul et pleurant sur vous!

Quand vous voudrez, enfans, retrouver dans votre âme
Ces souvenirs scellés sous le marbre étouffant,
Ces sons de voix, ces mots, ces sourires de femme
Où l'âme d'une mère est visible à l'enfant;

Quand vous voudrez rêver du ciel sur cette terre,
Que de pleurs sans motif vos yeux déborderont ;
Quand vous verrez des fils sur le sein de leur mère,
Qu'un père entre ses mains vous cachera son front ;

Venez, sur cette tombe où l'herbe croît si vite,
Vous asseoir à ses pieds pour prier en son nom,
Appeler Léontine, et du ciel qu'elle habite,
Implorer son regard dont Dieu fasse un rayon !

De l'éternel séjour le regard de son âme
Est un astre toujours sur ses enfans levé.
Ainsi l'aigle est au ciel, mais son regard de flamme
Veille encor de si haut le nid qu'elle a couvé.

A UN POËTE ANGLAIS

QUI AVAIT TRADUIT UNE HARMONIE.

Comme l'onde limpide où flottent nos images,
En les réfléchissant embellit ses rivages ;
Comme l'écho caché dans l'ombre de ses bois,
En nous la répétant, adoucit notre voix ;
Ainsi, dans les flots purs de sa riche harmonie,
Ta muse, en le flattant, réfléchit mon génie ;
Ainsi ta jeune lyre adoucit mes concerts,
Et, trompé par ta voix, je m'admire en tes vers.

A UNE JEUNE POLONAISE,

MADEMOISELLE MICHATOWSKA.

Le cygne dans son lac contemple son image;
L'éclair se réfléchit dans sa propre clarté;
Le ciel dans l'océan, et Dieu dans son ouvrage,
  Et nous dans la postérité.

Dans la postérité, froide et pâle interprète,
Miroir terne et glacé comme vos lacs du Nord!
Qu'importe son éclat et son prisme au poëte?
  Il ne réfléchit que la mort!

Mais dans un cœur vivant se contempler soi-même;
Mais dans l'œil d'une vierge, où l'amitié vous luit,
Découvrir tout à coup un regard qui vous aime,
  Comme une étoile dans la nuit!

Mais se dire : Au milieu de la tempête humaine,
Dans un point lumineux de l'immense horizon,
Contre la calomnie et l'injure et la haine
  Il est un abri pour mon nom!

A UNE JEUNE POLONAISE.

Il est au moins un cœur où ma harpe résonne,
Où mes soupirs secrets comme au ciel sont compris,
Où ma voix retentit, où mon âme rayonne :
    Ah! du barde voilà le prix!

Mon asile et ma gloire, à moi, sont dans ton âme.
Qu'importe si le temps de nos chants est vainqueur?
Vivre même inconnu dans un songe de femme,
    Avoir un écho dans son cœur!

Mystérieux témoin de ses larmes versées,
Sentir battre en son cœur le soupir comprimé,
Avoir, comme un ami, sa part dans ses pensées,
    Par ses lèvres être nommé!

Le jour la suivre seul dans les bois, sur la grève;
De sa lampe la nuit prolonger la clarté;
Être le nom qu'elle aime ou l'ombre qu'elle rêve :
    Voilà mon immortalité!

ÉPITRE A M. A. DE LAMARTINE,

PAR M. DE SAINTE-BEUVE *.

Juillet 1829.

Le jour que je vous vis pour la troisième fois,
C'était en juin dernier, voici bientôt deux mois;
Vous en souviendrez-vous? j'ose à peine le croire;
Mais ce jour à jamais emplira ma mémoire;
Après nous être un peu promenés seul à seul
Au pied d'un marronnier ou sous quelque tilleul,
Nous vînmes nous asseoir, et longtemps nous causâmes
De nous, des maux humains, des besoins de nos âmes;
Moi surtout, moi plus jeune, inconnu, curieux,
J'aspirais vos regards, je lisais dans vos yeux,
Comme aux yeux d'un ami qui vient d'un long voyage;
Je rapportais au cœur chaque éclair de visage;
Et dans vos souvenirs ceux que je choisissais,
C'était votre jeunesse, et vos premiers accès
D'abord flottans, obscurs, d'ardente poésie,
Et les égaremens de votre fantaisie,
Vos mouvemens sans but, vos courses en tout lieu,
Avant qu'en votre cœur le démon fût un dieu.

* Voir la réponse de M. de Lamartine, page 194.

ÉPITRE A M. DE LAMARTINE.

Sur la terre jeté, manquant de lyre encore,
Errant, que faisiez-vous de ce don qui dévore?
Où vos pleurs allaient-ils? par où montaient vos chants?
Sous quels antres profonds, par quels brusques penchans
S'abîmait loin des yeux le fleuve? Quels orages
Ce soleil chauffait-il derrière les nuages?
Ignoré de vous-même et de tous, vous alliez...
Où? dites? parlez-moi de ces temps oubliés.
Enfant, Dieu vous nourrit de sa sainte parole;
Mais bientôt le laissant pour un monde frivole,
Et cherchant la sagesse et la paix hors de lui,
Vous avez poursuivi les plaisirs par ennui;
Vous avez, loin de vous, couru mille chimères,
Goûté les douces eaux et les sources amères,
Et sous des cieux brillans, sur des lacs embaumés,
Demandé le bonheur à des objets aimés.
Bonheur vain! fol espoir! délire d'une fièvre!
Coupe qu'on croyait fraîche, et qui brûle la lèvre!
Flocon léger d'écume, atome éblouissant
Que l'esquif fait jaillir de la vague en glissant!
Filet d'eau du désert que boit le sable aride!
Phosphore des marais, dont la fuite rapide
Découvre plus à nu l'épaisse obscurité
De l'abîme sans fond où dort l'éternité!
Oh! quand je vous ai dit à mon tour ma tristesse,
Et qu'aussi j'ai parlé des jours pleins de vitesse,
Ou de ces jours si lents qu'on ne peut épuiser,
Goutte à goutte tombant sur le cœur sans l'user;
Que je n'avais au monde aucun but à poursuivre;
Que je recommençais chaque matin à vivre;

Oh! qu'alors sagement et d'un ton fraternel
Vous m'avez par la main ramené jusqu'au ciel!
« Tel je fus, disiez-vous; cette humeur inquiète,
« Ce trouble dévorant au cœur de tout poëte,
« Et dont souvent s'égare une jeunesse en feu,
« N'a de remède ici que le retour à Dieu;
« Seul il donne la paix, dès qu'on rentre en la voie;
« Au mal inévitable il mêle un peu de joie,
« Nous montre en haut l'espoir de ce qu'on a rêvé,
« Et sinon le bonheur, le calme est retrouvé. »

Et souvent depuis lors, en mon âme moins folle,
J'ai mûrement pesé cette simple parole;
Je la porte avec moi; je la couve en mon sein,
Pour en faire germer quelque pieux dessein.
Mais quand j'en ai longtemps échauffé ma pensée,
Que la prière en pleurs, à pas lents avancée,
M'a baisé sur le front comme un fils, m'enlevant
Dans ses bras, loin du monde, en un rêve fervent,
Et que j'entends déjà dans la sphère bénie
Des harpes et des voix la douceur infinie,
Voilà que de mon âme, alentour, au dedans,
Quelques funestes cris, quelques désirs grondans,
Éclatent tout à coup, et d'en haut je retombe
Plus bas dans le péché, plus avant dans la tombe!
— Et pourtant aujourd'hui qu'un radieux soleil
Vient d'ouvrir le matin à l'orient vermeil;
Quand tout est calme encor, que le bruit de la ville
S'éveille à peine autour de mon paisible asile;
A l'instant où le cœur aime à se souvenir,

A M. DE LAMARTINE.

Où l'on pense aux absens, aux morts, à l'avenir,
Votre parole, ami, me revient, et j'y pense;
Et consacrant pour moi le beau jour qui commence,
Je vous renvoie, à vous, ce mot que je vous dois,
A vous, sous votre vigne, au milieu des grands bois.
Là désormais, sans trouble, au port après l'orage,
Rafraîchissant vos jours aux fraîcheurs de l'ombrage,
Vous vous plaisez aux lieux d'où vous étiez sorti;
Que verriez-vous de plus? vous avez tout senti.
Les heures qu'on maudit et celles qu'on caresse
Vous ont assez comblé d'amertume et d'ivresse;
Des passions en vous les rumeurs ont cessé;
De vos afflictions le lac est amassé;
Il ne bouillonne plus; il dort, il dort dans l'ombre,
Au fond de vous, muet, inépuisable et sombre;
A l'entour un esprit flotte, et de ce côté
Les lieux sont revêtus d'une triste beauté.
Mais ailleurs, mais partout, que la lumière est pure!
Quel dôme vaste et bleu couronne la verdure;
Et combien cette voix pleure amoureusement!
Vous chantez, vous priez, comme Abel, en aimant;
Votre cœur tout entier est un autel qui fume;
Vous y mettez l'encens, et l'éclair le consume;
Chaque ange est votre frère, et quand vient l'un d'entre eux,
En vous il se repose,—ô grand homme, homme heureux*!

---

* Depuis que cette pièce a été adressée à notre illustre poëte, deux affreux malheurs sont venus la démentir, et montrer que pour le *grand homme heureux*, tout *le lac des afflictions* n'était pas *amassé*; il y manquait une goutte encore, et la plus amère.

RÉPONSE DE M. REBOUL,

DE NIMES,

A M. A. DE LAMARTINE*.

Juillet 1830.

Mon nom, qu'a prononcé ton généreux délire,
Dans la tombe avec moi ne peut être emporté ;
Car toute chose obscure, en passant par ta lyre
    Se revêt d'immortalité.

S'il est vrai que ma muse en plus d'une mémoire
A laissé des accords et des pensers touchans,
Chantre ami, qu'à toi seul en retourne la gloire !
    Mes chants naquirent de tes chants.

C'est toi qui, faisant naître en mon âme ravie
Cet espoir de laisser un noble souvenir,
Me fais sacrifier, chaque jour de ma vie,
    Sur les autels de l'avenir.

* Voir la huitième harmonie, adressée par M. de Lamartine à M. Reboul, page 204.

C'est toi qui fus pour moi cet ange de lumière
Qui se laisse tomber du haut du firmament,
Et qui sur le palais comme sur la chaumière
  Se repose indifféremment.

Tu t'abattis vers moi. Des sphères immortelles
Tu me vantas l'éclat, les chœurs mystérieux,
Et soudain comme toi je secouai mes ailes
  Et nous partîmes pour les cieux.

Quelle extase inconnue a subjugué mon être !
Quel jour éblouissant mes yeux ont vu paraître !
  Et quel concert ai-je entendu !
Dans ces ravissemens mon âme s'évapore ;
Et je voulais franchir quelques mondes encore...
  Sans toi je m'y serais perdu.

Mais tu m'as dit : Voilà l'inflexible barrière ;
Tu vas voir s'éclipser nos songes de lumière.
  Descendons, les ordres divins
Veulent que ce bonheur, ces clartés sans mélange,
Passent rapidement pour que l'homme, de l'ange
  N'envahisse pas les destins.

Attendons que le temps ait achevé sa course ;
Que la mort à l'esprit abandonne la source
  De cette pure volupté ;
Que des jours éternels l'astre éternel se lève ;
Alors, la terre alors ne sera que le rêve,
  Et le ciel la réalité !

Et quand tu me rendis aux terrestres domaines,
Je sentis s'allumer une fièvre en mes veines
   Dont rien n'a pu calmer l'ardeur,
Si ce n'est une lyre entre mes mains vibrante,
Et faisant apparaître une image enivrante
   De tout ce qu'éprouva mon cœur.

Rayons dont s'inonda mon avide paupière,
Eh! comment, replongé dans cette ombre grossière,
   Comment ne pas vous exalter !
Ineffables accords des célestes génies,
Comment, en retrouvant d'humaines harmonies,
   Comment ne pas vous répéter !

ODE A M. A. DE LAMARTINE,

PAR M. VICTOR HUGO [*].

> Or, sachant ces choses, nous venons enseigner aux hommes la crainte de Dieu.
> II. *Cor.*, v.

Octobre 1825.

I.

Pourtant je m'étais dit : « Abritons mon navire.
Ne livrons plus ma voile au vent qui la déchire.
Cachons ce luth. Mes chants peut-être auraient vécu !...
Soyons comme un soldat qui revient sans murmure
Suspendre à son chevet un vain reste d'armure,
  Et s'endort, vainqueur ou vaincu ! »

Je ne demandais plus à la Muse que j'aime,
Qu'un seul chant pour ma mort, solennel et suprême !
Le poëte avec joie au tombeau doit s'offrir ;
S'il ne souriait pas au moment où l'on pleure,
  Chacun lui dirait : « Voici l'heure !
« Pourquoi ne pas chanter, puisque tu vas mourir ? »

---

[*] Voir la réponse de M. de Lamartine, page 217.

C'est que la mort n'est pas ce que la foule en pense !
C'est l'instant où notre âme obtient sa récompense,
Où le fils exilé rentre au sein paternel.
Quand nous penchons près d'elle une oreille inquiète,
La voix du trépassé, que nous croyons muette,
    A commencé l'hymne éternel !

II.

Plus tôt que je n'ai dû, je reviens dans la lice ;
Mais tu le veux, ami ! ta muse est ma complice ;
Ton bras m'a réveillé ; c'est toi qui m'as dit : « Va !
« Dans la mêlée encor jetons ensemble un gage.
    « De plus en plus elle s'engage.
« Marchons, et confessons le nom de Jéhova ! »

J'unis donc à tes chants quelques chants téméraires.
Prends ton luth immortel : nous combattrons en frères
Pour les mêmes autels et les mêmes foyers.
Montés au même char, comme un couple homérique,
Nous tiendrons, pour lutter dans l'arène lyrique,
    Toi la lance, moi les coursiers.

Puis, pour faire une part à la faiblesse humaine,
Je ne sais quelle pente au combat me ramène.
J'ai besoin de revoir ce que j'ai combattu,
De jeter sur l'impie un dernier anathème,
    De te dire, à toi, que je t'aime,
Et de chanter encore un hymne à la vertu !

III.

Ah! nous ne sommes plus au temps où le poëte
Parlait au ciel en prêtre, à la terre en prophète!
Que Moïse, Isaïe, apparaisse en nos champs,
Les peuples qu'ils viendront juger, punir, absoudre,
Dans leurs yeux pleins d'éclairs méconnaîtront la foudre
  Qui tonne en éclats dans leurs chants.

Vainement ils iront s'écriant dans les villes :
« Plus de rébellions! plus de guerres civiles!
« Aux autels du Veau d'or pourquoi danser toujours?
« Dagon va s'écrouler; Baal va disparaître.
  « Le Seigneur a dit à son prêtre :
« — Pour faire pénitence, ils n'ont que peu de jours!

« Rois, peuples, couvrez-vous d'un sac souillé de cendre!
« Bientôt sur la nuée un juge doit descendre.
« Vous dormez! que vos yeux daignent enfin s'ouvrir.
« Tyr appartient aux flots, Gomorrhe à l'incendie,
« Secouez le sommeil de votre âme engourdie,
  « Et réveillez-vous pour mourir!

« Ah! malheur au puissant qui s'enivre en des fêtes,
« Riant de l'opprimé qui pleure, et des prophètes!
« Ainsi que Balthazar ignorant ses malheurs,
« Il ne voit pas, aux murs de sa salle bruyante,
  « Les mots qu'une main flamboyante

« Trace en lettres de feu parmi les nœuds de fleurs!

« Il sera rejeté comme ce noir Génie,
« Effrayant par sa gloire et par son agonie,
« Qui tomba jeune encor, dont ce siècle est rempli.
« Pourtant Napoléon du monde était le faîte.
« Ses pieds éperonnés des rois pliaient la tête,
  « Et leur tête gardait le pli.

« Malheur donc! — Malheur même au mendiant qui frappe,
« Hypocrite et jaloux, aux portes du satrape!
« A l'esclave en ses fers! au maître en son château!
« A qui, voyant marcher l'innocent aux supplices,
  « Entre deux meurtriers complices,
« N'étend point sous ses pas son plus riche manteau!

« Malheur à qui dira : — Ma mère est adultère!
« A qui voile un cœur vil sous un langage austère!
« A qui change en blasphème un serment effacé!
« Au flatteur médisant, reptile à deux visages!
« A qui s'annoncera sage entre tous les sages!
  « Oui, malheur à cet insensé!

« Peuples, vous ignorez le Dieu qui vous fit naître;
« Et pourtant vos regards le peuvent reconnaître
« Dans vos biens, dans vos maux, à toute heure, en tout lieu!
« Un Dieu compte vos jours, un Dieu règne en vos fêtes.
  « Lorsqu'un chef vous mène aux conquêtes,
« Le bras qui vous entraîne est poussé par un Dieu!

« A sa voix, en vos temps de folie et de crime,
« Les révolutions ont ouvert leur abîme.
« Les justes ont versé tout leur sang précieux ;
« Et les peuples, troupeau qui dormait sous le glaive,
« Ont vu, comme Jacob, dans un étrange rêve,
    « Des anges remonter aux cieux !

« Frémissez donc ! Bientôt, annonçant sa venue,
« Le clairon de l'Archange entr'ouvrira la nue.
« Jour d'éternels tourmens ! jour d'éternel bonheur !
« Resplendissant d'éclairs, de rayons, d'auréoles,
    « Dieu vous montrera vos idoles,
« Et vous demandera : — Qui donc est le Seigneur ?

« La trompette, sept fois sonnant dans les nuées,
« Poussera jusqu'à lui, pâles, exténuées,
« Les races à grands flots se heurtant dans la nuit ;
« Jésus appellera sa mère virginale ;
« Et la porte céleste, et la porte infernale
    « S'ouvriront ensemble avec bruit !

« Dieu vous dénombrera d'une voix solennelle.
« Les rois se courberont sous le vent de son aile.
« Chacun lui portera son espoir, ses remords.
« Sous les mers, sur les monts, au fond des catacombes,
    « A travers le marbre des tombes,
« Son souffle remûra la poussière des morts !

« O siècle ! arrache-toi de tes pensers frivoles.
« L'air va bientôt manquer dans l'espace où tu voles !

« Mortels ! gloire, plaisirs, biens, tout est vanité !
« A quoi pensez-vous donc, vous qui dans vos demeures
« Voulez voir en riant entrer toutes les heures ?...
  « L'Éternité ! l'Éternité ! »

IV.

Nos sages répondront :—« Que nous veulent ces hommes?
« Ils ne sont pas du monde et du temps dont nous sommes.
« Ces poëtes sont-ils nés au sacré vallon ?
« Où donc est leur Olympe ? où donc est leur Parnasse ?
  « Quel est leur dieu qui nous menace ?
« A-t-il le char de Mars ? a-t-il l'arc d'Apollon ?

« S'ils veulent emboucher le clairon de Pindare,
« N'ont-ils pas Hiéron, la fille de Tindare,
« Castor, Pollux, l'Élide et les Jeux des vieux temps,
« L'arène où l'encens roule en longs flots de fumée,
« La roue aux rayons d'or de clous d'airain semée,
  « Et les quadriges éclatans ?

« Pourquoi nous effrayer de clartés symboliques ?
« Nous aimons qu'on nous charme en des chants bucoliques,
« Qu'on y fasse lutter Ménalque et Palémon.
« Pour dire l'avenir à notre âme débile,
  « On a l'écumante Sibylle,
« Que bat à coups pressés l'aile d'un noir démon.

« Pourquoi dans nos plaisirs nous suivre comme une ombre ?

« Pourquoi nous dévoiler dans sa nudité sombre
« L'affreux sépulcre, ouvert devant nos pas tremblans?
« Anacréon, chargé du poids des ans moroses,
« Pour songer à la mort se comparait aux roses
         « Qui mouraient sur ses cheveux blancs.

« Virgile n'a jamais laissé fuir de sa lyre
« Des vers qu'à Lycoris son Gallus ne pût lire.
« Toujours l'hymne d'Horace au sein des ris est né;
« Jamais il n'a versé de larmes immortelles:
         « La poussière des cascatelles
« Seule a mouillé son luth de myrtes couronné! »

V.

Voilà de quels dédains leurs âmes satisfaites
Accueilleraient, ami, Dieu même et ses prophètes!
Et puis, tu les verrais, vainement irrité,
Continuer, joyeux, quelque festin folâtre,
Ou pour dormir aux sons d'une lyre idolâtre
         Se tourner de l'autre côté.

Mais qu'importe? accomplis ta mission sacrée.
Chante, juge, bénis; ta bouche est inspirée!
Le Seigneur en passant t'a touché de sa main;
Et pareil au rocher qu'avait frappé Moïse,
         Pour la foule au désert assise,
La poésie en flots s'échappe de ton sein!

Moi, fussé-je vaincu, j'aimerai ta victoire.
Tu le sais, pour mon cœur, ami de toute gloire,
Les triomphes d'autrui ne sont pas un affront.
Poëte, j'eus toujours un chant pour les poëtes ;
Et jamais le laurier qui pare d'autres têtes,
  Ne jeta d'ombre sur mon front !

Souris même à l'envie amère et discordante.
Elle outrageait Homère ; elle attaquait le Dante.
Sous l'arche triomphale elle insulte au guerrier.
Il faut bien que ton nom dans ses cris retentisse ;
  Le temps amène la justice :
Laisse tomber l'orage et grandir ton laurier !

VI.

Telle est la majesté de tes concerts suprêmes,
Que tu sembles savoir comment les anges mêmes
Sur les harpes du ciel laissent errer leurs doigts !
On dirait que Dieu même, inspirant ton audace,
Parfois dans le désert t'apparaît face à face,
  Et qu'il te parle avec la voix !

FIN DU TOME DEUXIÈME.

TABLE

DU TOME DEUXIÈME.

	Pages.
Avertissement............................	1

HARMONIES POÉTIQUES ET RELIGIEUSES.

LIVRE PREMIER.

Première harmonie. — Invocation............	5
Deuxième harmonie. — L'hymne de la nuit.......	12
Troisième harmonie. — Hymne du matin........	17
Quatrième harmonie. — La Lampe du Temple, ou l'Ame présente à Dieu...................	26
Cinquième harmonie. — Bénédiction de Dieu dans la solitude...................	29
Sixième harmonie. — Aux Chrétiens dans les temps d'épreuve...................	37
Septième harmonie. — Hymne de l'enfant à son réveil.	42
Huitième harmonie. — Hymne du soir dans les temples.	46
Neuvième harmonie. — Une Larme ou Consolation....	54
Dixième harmonie. — Poésie, ou Paysage dans le golfe de Gênes...................	57
Onzième harmonie. — L'abbaye de Vallombreuse, dans les Apennins...................	70

LIVRE DEUXIÈME.

Première harmonie. — Pensée des morts.	73
Deuxième harmonie. — L'Occident.	85
Troisième harmonie. — La perte de l'Anio. A M. le marquis Tancrède de Barol	85
Quatrième harmonie. — L'infini dans les cieux	94
Cinquième harmonie. — La Source dans les bois D***. . .	99
Sixième harmonie. — Impressions du matin et du soir. Hymne.	106
Septième harmonie. — Hymne à la Douleur.	110
Huitième harmonie. — Jéhova, ou l'idée de Dieu. . . .	115
Neuvième harmonie. — Suite de Jéhova. Le Chêne. . .	121
Dixième harmonie. — Suite de Jéhova. L'Humanité. . . .	127
Onzième harmonie. — Suite de Jéhova. L'Idée de Dieu . .	135
Douzième harmonie. — Souvenirs d'enfance, ou la Vie cachée. A. M. P. G. de B***.	138
Treizième harmonie. — Désir.	150

LIVRE TROISIÈME.

Première harmonie. — Encore un hymne.	155
Deuxième harmonie. — Milly, ou la Terre natale.	159
Troisième harmonie. — Le Cri de l'âme.	171
Quatrième harmonie. — Le Retour. Au comte Xavier de Maistre, auteur du *Lépreux*.	175
Cinquième harmonie. — Hymne au Christ. A M. Manzoni.	179
Sixième harmonie. — Epître à M. de Sainte-Beuve, en réponse à des vers adressés par lui à l'auteur, ou Conversation	194
Septième harmonie. — Le Tombeau d'une mère.	201
Huitième harmonie. — Le Génie dans l'obscurité. A M. Reboul, à Nîmes	204
Neuvième harmonie. — Pourquoi mon âme est-elle triste?	207
Dixième harmonie. — La Retraite. Réponse à M. Victor Hugo.	217
Onzième harmonie. — Cantate pour les enfans d'une maison de charité.	222

TABLE DES MATIÈRES.

LIVRE QUATRIÈME.

Première harmonie. — Hymne de la mort.	231
Deuxième harmonie. — Invocation pour les Grecs	239
Troisième harmonie. — La Voix humaine. A madame de B...	242
Quatrième harmonie. — Pour le premier jour de l'année.	246
Cinquième harmonie. — La Tristesse	252
Sixième harmonie. — Au Rossignol.	254
Septième harmonie. — Hymne de l'Ange de la terre après la destruction du globe	258
Huitième harmonie. — Le Solitaire	265
Neuvième harmonie. — Éternité de la nature, brièveté de l'homme. Cantique	268
Dixième harmonie. — Le premier Regret. Élégie.	275
Onzième harmonie. — Novissima Verba, ou Mon âme est triste jusqu'à la mort!	280
Douzième harmonie — A l'Esprit Saint. Cantique	304
Treizième harmonie. — Les Révolutions.	310
La Mort de Jonathas. Fragment d'une tragédie biblique.	323

POÉSIES DIVERSES.

A Némésis	337
A mademoiselle Delphine Gay.	342
A madame Desbordes-Valmore	347
La Cloche. A madame Tastu.	352
Regrets. Mademoiselle Elise Moreau à M. A. de Lamartine, sur la mort de sa fille.	355
Réponse de M. A. de Lamartine à mademoiselle Élise Moreau.	363
A M. Charles Nodier. De la part de l'auteur, son admirateur et son ami.	364
L'Idée éternelle.	Ib.
Vers à M. Trambly, auteur de l'OEnologie, en lui offrant le deuxième volume des Méditations.	365

TABLE DES MATIÈRES.

A M. Trambly, auteur d'une épître au poëte Senecé, né à
    Mâcon le 15 octobre 1643. 566
Vers sur un album. 567
Vers inscrits sur l'album de mademoiselle Nodier . . . . . *Ib.*
Vers inscrits sur l'album de madame V... H... 568
Vers sur un album. 568
A une jeune personne qui prédisait l'avenir. 569
Le Retour. 571
Réponse à un vieil ami. A M. Ronot. 572
Aux enfans de madame Léontine de Genoude. 574
A un poëte anglais qui avait traduit une harmonie 575
A une jeune Polonaise, mademoiselle Michatowska. . . . 576

Épître à M. A. de Lamartine, par M. de Sainte-Beuve . . . 578
Réponse de M. Reboul de Nîmes à M. A. de Lamartine. . . 582
Ode à M. A. de Lamartine, par M. Victor Hugo 585

FIN DE LA TABLE.

www.ingramcontent.com/pod-product-compliance
Lightning Source LLC
Chambersburg PA
CBHW052039230426
43671CB00011B/1719